Acordem, Meus Filhos!

Diálogos com

Sri Mata Amritanandamayi

Volume 7

Mata Amritanandamayi Center, San Ramon
Califórnia, Estados Unidos

Acordem, Meus Filhos!
Volume 7
por Swami Amritaswarupananda

Publicado por:
Mata Amritanandamayi Center
P.O. Box 613
San Ramon, CA 94583
Estados Unidos

———————— *Awaken Children 7 (Portuguese)* ————

Primeira edição por MA Centro: abril 2016

No Brasil: www.ammabrasil.org

Em Portugal: www.ammaportugal.org

Em Índia:
www.amritapuri.org
inform@amrtapuri.org

Este Livro É Humildemente Oferecido Aos

PÉS DE LÓTUS DA
SRI MATA AMRITANANDAMAYI

O Resplendor Luminoso Imanente
nos Corações de Todos os Seres

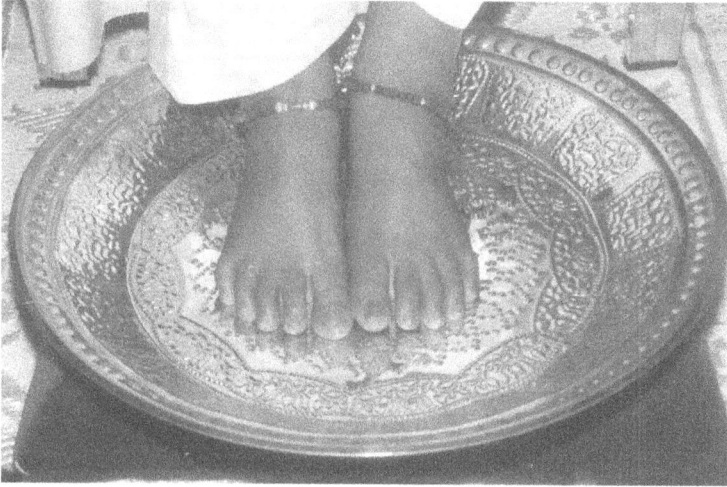

Vandeham saccidānandam bhāvātītam jagatgurum |
Nityam pūrnam nirākāram nirgunam svātmasamsthitam ||

Prostro-me ao Mestre Universal, que é Satchidananda (Puro Ser-Conhecimento-Êxtase Absoluto), que está além de todas as diferenças, que é eterno, total, sem atributos, formas e sempre centrado no Ser.

Saptasāgaraparyantam tīrthasnānaphalam tu yat |
Gurupādapayōvindōh sahasrāmsena tatphalam ||

Qualquer mérito adquirido por uma pessoa, por peregrina-ções ou banhos nas Águas Sagradas dos sete mares, não pode se equiparar à milésima parte do mérito derivado de tomar a água com a qual os Pés do Guru foram lavados.

Guru Gita, Versos 157, 87

Sumário

Prefácio

Praticar o vedanta significa mergulhar profundamente na vida real, conhecer e experimentar a vida, em todo seu esplendor e glória. Vedanta não é a negação da vida, pelo contrário, é a afirmação dela; é parte e conteúdo da vida. Ele não fala sobre algo fora de nós, ensina sobre nós mesmos, sobre nossa verdadeira natureza, nossa existência real. De fato, a verdadeira vida se inicia somente quando a pessoa começa a explorar seu próprio Ser interior. É aí, então, que a jornada real da vida começa. A Amma diz: "Assim como comer e dormir, a prática da espiritualidade deve se tornar parte indispensável de nossa vida. A menos que um equilíbrio entre a espiritualidade e o materialismo seja criado, a verda-deira felicidade não será realizada, e o objetivo da vida não será alcançado. Esse equilíbrio é de fato a essência da vida, e essa é a meta de vedanta e todas as outras religiões verdadeiras do mundo."

Eu diria que este livro, o sétimo volume de *Acordem, Meus Filhos!* é a quintessência do vedanta. É uma forma certeira de levar uma vida feliz e bem-sucedida. Cada palavra é profunda e contém a totalidade da espiritualidade e da vida. Ler esse livro poderia ser uma meditação, um olhar para o Ser interior.

Em todos os cantos do mundo, encontramos especialistas conduzindo seminários sobre como levar uma vida feliz e bem sucedida, como se livrar do estresse, etc. Esses são eventos comuns na vida moderna. É claro que são benéficos, até certo ponto, mas não a longo prazo. Terão um efeito temporário sobre seus participantes, que logo voltarão para seus antigos hábitos mentais. Por quê? Porque os próprios instrutores não têm o poder de penetrar profundamente na causa real de um problema e eliminá-lo completamente, junto com suas raízes. Somente um mestre verdadeiro, como a Amma, pode fazê-lo.

Esta é a era do medo e da ansiedade, a era da dor pro-funda e agonizante. Como sair dessa dor? Como alcançar o outro lado do oceano da existência? Como perma-necer calmos e pacíficos, em meio ao caos e à confusão? Aqui está o caminho. A Amma está mostrando o caminho. E não somente isso, Ela segura nossa mão e nos leva ao obje-tivo. Qual, então, será o segredo? A Amma diz: "Seja uma testemunha e nunca se afaste do verdadeiro cerne de sua existência. Resida no Ser Superior e simplesmente assista as coisas acontecendo. Quando você aprender essa arte de observar, que é sua verdadeira natureza, então, tudo se tornará uma brincadeira bela e deliciosa."

Em seus diálogos com os discípulos e devotos, a Amma, a corporificação da Verdade Suprema, revela, para o benefício de Seus filhos, vários níveis de conhecimento. O caminho se torna muito claro, iluminado por Suas palavras graciosas e cheias de néctar. Temos apenas que trilhar esse caminho bem delineado. Não se preocupe, não há nada a temer, pois a Amma sabe que estamos engatinhando. Por isso, Ela anda bem ao nosso lado, segurando nossas mãos com força, ajudando-nos e guiando-nos com amor e compai-xão infinitos. A vitória é nossa.

Swami Amritaswarupananda
M.A. Math, Amritapuri
Kollam Dt. Kerala 690546
Índia

C03 C03 C03 C03 C03 C03 C03 C03 C03 C03 C03 C03 C03 C03 C03 C03 C03

Os eventos deste livro, em sua maioria, ocorreram entre outubro de 1984 e janeiro de 1986. As exceções são a visita da Amma ao templo de Minakshi, que se deu em meados de 1977, Seu pronunciamento sobre o fim do *Krishna Bhava*, de outubro de 1983, e a morte do poeta Ottur Unni Nambutiripadu, em 25 de agosto de 1989.

C03 C03 C03 C03 C03 C03 C03 C03 C03 C03 C03 C03 C03 C03 C03 C03 C03

Capítulo um

Não o eu limitado, mas o infinito Atmã

Como é possível a Amma transformar a vida de tantas pessoas, especialmente jovens, que ainda não conhecem os prazeres da vida? Esta é uma pergunta que muitos fazem, com ou sem fé. A resposta é simples: quando estamos na presença da Amma e olhamos em Seus olhos, temos um vislumbre de nosso verdadeiro Eu. Os olhos da Amma refletem o infinito. Todo Seu ser nos dá um vislumbre do estado de consciência que vai além da mente, o estado de total ausência de ego. Na Amma, descobrimos nossa própria pureza, a pureza do amor imaculado, a pureza do Eu Superior (Atmã).

Suponha que comemos mal durante toda a nossa vida. Então, um dia, acontece de comermos uma refeição muito nutritiva, pela primeira vez, e ela é deliciosa. Tendo provado desse alimento delicioso e nutritivo, que está sempre ao nosso alcance, será que ainda vamos procurar o antigo produto de má qualidade? Não, começaremos a buscar o alimento bom e nutritivo. Da mesma forma, na presença da Amma, através de cada olhar, toque, palavra e ação, experimentamos a ambrosia da imortalidade. Provamos dela e sentimos que aí reside nossa verdadeira natureza, o Atmã. Também descobrimos que o que vínhamos vivenciando, em nome da diversão, não era absolutamente nada, comparado com a experiência da bem-aventurança. É nossa primeira exposição ao conhecimento de que não somos somente um corpo ou um ser pequeno e limitado, mas o todo-poderoso e infinito Eu Superior ou Atmã (Deus). Como diz a própria Amma: "Nos damos conta de que não somos uma mera ovelha, mas um destemido leão."

A Amma conta uma história para ilustrar isso:

"Certa vez, uma galinha, chocou um ovo de águia junto com os seus. Em certa altura, os ovos se quebraram e os pintinhos saíram. A águia cresceu junto com os pintinhos, buscando minhocas no chão para se alimentar. Ela ignorava totalmente sua verdadeira natureza, que era de uma poderosa águia. Com o passar do tempo, todos os pintinhos se desenvolveram e se tornaram galinhas crescidas. Mesmo assim, a águia continuava a morar com as galinhas, acreditando ser uma delas. Ela estava completamente iludida, identificada com sua existência como uma galinha de granja. Um dia, outra águia que voava alto no céu, avistou nossa Águia-Galinha, que estava ocupada caçando minhocas com as outras galinhas. A águia no céu ficou surpresa com o que viu. Ela decidiu salvar a Águia-Galinha e livrá-la de sua ilusão. Para isso, esperou uma oportunidade de encontrá-la. Um dia, quando a Águia-Galinha estava sozinha, a Águia do Céu pousou e aproximou-se.

"Quando a Águia-Galinha viu a grande águia descer do céu, ficou muito amedrontada e começou a cacarejar como uma galinha. Em pouco tempo, todas as galinhas chegaram para proteger a Águia-Galinha. Não sendo bem-sucedida em sua missão naquele dia, a Águia do Céu teve que voar para longe. Mas pouco tempo depois, a Águia-Galinha estava andando longe de suas amigas, e a Águia do Céu aproveitou a oportunidade para encontrá-la. Devagar e com cuidado, a Águia do Céu, mais uma vez, aproximou-se da Águia-Galinha. Dessa vez, ela deu um jeito de dizer a Águia-Galinha que era uma amiga e não um predador e que tinha algo muito importante para dizer-lhe. A Águia-Galinha ficou desconfiada e tentou fugir, mas a Águia do Céu conseguiu mantê-la ali. Ela explicou que a Águia-Galinha não era um simples pássaro comum, mas uma águia poderosa, que podia voar alto no céu. A Águia do Céu disse: 'Você não pertence ao chão. Pertence ao vasto e infinito céu. Venha comigo e experimente a benção de rasgar os céus. Você pode fazer isso, porque é exatamente como eu, tem os mesmos poderes que eu. Venha, tente!' Assim a Águia do Céu tentou persuadir a Águia-Galinha.

"A princípio, a Águia-Galinha não acreditou. Até achou que se tratava de algum tipo de armadilha. Mas a Águia do Céu estava determinada a não desistir. Através de sua paciência e de seus modos diplomáticos, gradualmente ela conseguiu conquistar a confiança da Águia-Galinha. Depois, pediu que a Águia-Galinha a seguisse até um lago próximo dali. Um pouco mais confiante na Águia do Céu, a Águia-Galinha foi até o lago. Elas ficaram em pé, perto da beira d'água e a Águia do Céu disse para a Águia-Galinha: 'Agora, olhe para a água. Veja seu reflexo e perceba a grande semelhança entre nós.' A Águia-Galinha olhou para a água calma e limpa do lago. Ela não conseguia acreditar no que via. Era a primeira vez em sua vida que via seu próprio reflexo, sua verdadeira imagem. Agora, percebia que não se parecia com uma galinha, mas com a Águia do Céu. Depois dessa experiência, sua confiança na Águia do Céu cresceu tremendamente. Ela conquistou muita autoconfiança e passou a obedecer incondicionalmente todas as instruções que a Águia do Céu lhe dava. No início, a Águia-Galinha teve alguma dificuldade para sair do chão. Mas não muito tempo depois, as duas águias podiam ser vistas voando juntas, atravessando o céu com graciosidade majestosa."

A Amma diz: "A maioria das pessoas é como a Águia-Galinha. Vive a vida em ignorância, sem realizar seu potencial verdadeiro." A Amma nos lembra: "Filhos, vocês são o Eu Superior todo-poderoso. O universo inteiro é seu. Vocês são o Mestre do Universo – na verdade, vocês são o universo. Não pensem que são pequenos ou limitados."

Na presença da Amma temos uma visão de nossa natureza verdadeira. Nela, descobrimos nossa identidade real. Ficamos silenciosos e A miramos, maravilhados, pois pela primeira vez em nossas vidas temos uma idéia real de nossa verdadeira existência. Quando a Amma nos diz que não somos somente nosso corpo, ou o pequeno eu, o ego, e sim o Supremo Ser Superior, Suas palavras vão direto ao coração, porque vêm da mais alta Verdade, o Supremo Atmã. Ela nos conquista completamente e, depois, lentamente nos ajuda a subir aos mais altos picos da espiritualidade. Temos vivido como a Águia-Galinha, sem saber quem somos realmente. Na gloriosa presença da Amma, descobrimos, (como em um lampejo luminoso), que não somos desse mundo, que somos o mais alto Eu Superior.

Quando nos identificamos com o corpo, a mente e o intelecto, estamos vivendo como a Águia-Galinha, em um estado de ilusão. Somos poderosas águias douradas, que poderiam estar voando nas alturas do vasto céu espiritual, e ainda assim, vivemos e morremos como galinhas, sem conhecer nossa verdadeira natureza.

Capítulo dois

A mente é louca

Amma estava conversando com os *brahmacharins* e alguns devotos chefes de família. Uma pergunta foi feita por um dos *brahmacharins*.

"Amma, se somos realmente o Atmã, por que é tão difícil vivenciar a verdade?"

A Amma respondeu: "A verdade é sempre o que há de mais difícil e, ao mesmo tempo, o que há de mais fácil. Para as pessoas ignorantes e egoístas, é o que há de mais difícil de descobrir. Para as que questionam e têm um desejo ardente de saber, é o que há de mais fácil.

"As pessoas só têm a intenção de alimentar o ego. Elas nunca pensam em conhecer o Eu Superior. Para conhecê-Lo, é preciso deixar o ego morrer de fome. Mas, infelizmente, a maioria das pessoas não consegue deixar o ego morrer de fome. Pelo contrário, elas se apegam a ele cada vez mais. A tendência predominante nos seres humanos é a de atrair para si o máximo de atenção possível. Querem ser elogiados e reconhecidos, acreditando ser esse o seu direito natural. Isso tudo é alimento para o ego, que se revigora com a atenção. Como você vai conhecer o Eu Superior, se o seu ego está sempre buscando atenção?

"A fim de realizar o Atmã, a mente tem que se dissolver. Enquanto existir uma mente, você estará sob domínio do ego.

"As pessoas apontam para outras, chamando-as de 'loucas', sem saber que elas mesmas são na verdade loucas também. Quem tem mente é louco, porque a mente é loucura. No caso de uma pessoa que é insana, a loucura é manifestada com clareza e, por isso, pode-se percebê-la. Por outro lado, no caso de vocês, a loucura não é tão claramente manifestada e, portanto, não tão óbvia, mas está presente, porque a mente está presente.

"Observe as pessoas quando estão excitadas, ansiosas ou com raiva. Elas ficam literalmente loucas. A raiva nada mais é do que uma loucura temporária, assim como a excitação e a ansiedade. Quando você está com muita raiva, você fica louco, fala e age de forma insana. É um estado temporário, no qual você perde o seu equilíbrio mental. Quando tal estado torna-se permanente, é chamado de insanidade. Se você se rende demais à sua mente e ela não é mantida sob o devido controle, você perde a estabilidade e fica louco.

"A mente é o ego, que faz com que você se concentre muito em si mesmo. Em vez de concentrar-se em si mesmo, você deveria concentrar-se no Ser Superior (Atmã), o verdadeiro Centro de sua existência. Para que isso aconteça, a mente tem que ser eliminada. O ego tem que morrer. Somente assim você poderá se estabelecer no estado de *sakshi bhava* (consciência de testemunha).

"O ego é o maior obstáculo em seu caminho em direção à Verdade. O ego não tem uma existência real própria, pois a mente e o ego são falsos[1]. No momento, estamos sob a impressão de que a mente e o ego são nossos amigos, mas eles apenas nos desorientam, afastando-nos de nossa verdadeira natureza. A mente e o ego não têm um poder próprio. A fonte de seu poder deriva do Atmã, nossa verdadeira existência. O Atmã é o nosso verdadeiro Mestre. Atualmente, no entanto, somos controlados e mal orientados por mestres falsos, a saber: a mente e o ego. Eles não só nos enganam, como também encobrem a face de nossa verdadeira natureza. Tome consciência disso e tente sair da casca limitada de sua mente e seu ego. A semente não pode brotar e transformar-se em uma grande árvore, a menos que a casca exterior se quebre e morra. Da mesma forma, a Verdade interior não pode ser realizada, a menos que o ego morra."

---

[1] A mente tem quatro funções ou aspectos diferentes; são eles: mente = a faculdade de questionar; chitta = o armazém de memórias; buddhi = a faculdade de determinar; ahamkara = o ego, o sentimento de "eu" e "meu". São partes da mesma mente, que recebem um nome diferente de acordo com a sua função.

O ego vive de atenção

Pergunta: "Amma, a Senhora disse que o ego vive à base de atenção. O que a Senhora quis dizer com isso?"

A Amma: "Filhos, isso é algo que fazemos todos os dias, a cada momento. Ansiar por atenção é parte da natureza humana. Conscientes ou não, todos agimos assim. Os seres humanos têm uma tendência inata a buscar formas de atrair a atenção dos outros. Mesmo uma criança quer atenção. A mente e o ego não podem existir sem atenção.

"Um marido quer a atenção de sua esposa, e ela, a dele. As crianças anseiam pela atenção dos pais. Os homens procuram a atenção das mulheres, e as mulheres querem ser notadas pelos homens. As pessoas fazem qualquer coisa para atrair atenção. O mundo todo está sedento de atenção. Essa tendência também existe entre os animais. A única diferença é que eles têm formas diferentes de buscá-la. Quem quer que tenha uma mente e um ego tem necessidade de atenção e não pode existir sem ela.

"As coisas que as pessoas fazem para atrair a atenção dos outros são as mesmas em praticamente todos os países. Isso aparece de forma mais evidente entre os adolescentes, em todos os países. As coisas que fazem para atrair a atenção dos outros, especialmente do sexo oposto, às vezes são muito tolas. Mas eles as fazem, porque, nessa idade, estão completamente sob o controle da mente e do ego. A mente é louca. O que mais pode emergir além de loucura, quando se está completamente sob seu domínio? O produto de uma mente louca só pode ser a loucura.

"Conforme você cresce, sua mente e seu ego também crescem, mas se tornam mais sutis. Suas formas de atrair a atenção, portanto, também se tornam mais sutis. Seus métodos podem não ser tão óbvios quanto antes, mas o desejo continua ali presente.

"A Amma, certa vez, ouviu uma história: Um jornalista estava escrevendo um artigo a respeito do prefeito de certa cidade. O jornalista queria saber a opinião das pessoas sobre o prefeito, então, entrevistou uma parte da população, perguntando o que pensava a respeito daquele homem. Todo mundo tinha alguma crítica a fazer ao prefeito. Disseram que era sem coração e corrupto. Responsabilizaram-no por tudo de errado que havia na cidade e muitos até diziam estar arrependidos de terem votado nele. Era um prefeito muito pouco popular. Por fim, o repórter encontrou o prefeito. O jornalista perguntou-lhe que tipo de remuneração ele recebia por seu trabalho. O prefeito explicou que não recebia salário algum. 'Então, por que o senhor está tão interessado em manter sua posição como prefeito dessa cidade, quando não recebe nada e é tão intensamente desprezado pelas pessoas?', perguntou o jornalista. 'Vou dizer-lhe o porquê, mas não registre isso', disse o prefeito. 'Posso ser impopular, mas gosto de toda a honra e a atenção que recebo.'

"Muitos assassinatos são cometidos apenas para chamar a atenção. O ego alcança tal clímax que uma pessoa pode até pensar em conseguir reconhecimento através de atos de extrema crueldade. Isso está acontecendo em todo o mundo.

"Poucas semanas atrás, um jovem veio visitar Amma. Sem qualquer constrangimento, ele revelou que seu maior desejo era ficar famoso. Ele contou à Amma que tinha um intenso desejo de ver seu nome e foto aparecerem em um grande jornal. Amma conversou com ele durante algum tempo e tentou fazê-lo compreender a tolice dessa atitude. No final, ele mudou de opinião e arrependeu-se do que tinha dito. Ele tinha sido simplesmente honesto e por isso revelara seu desejo abertamente para Amma. Mas não é isso que a maioria das pessoas quer? Só que elas raramente são sinceras. Nunca dizem o que sentem.

"Existe um grande muro entre as pessoas, entre o indivíduo e a sociedade. As pessoas perderam sua sinceridade devido à predominância de seus egos. Elas se preocupam apenas em agradar suas mentes e em satisfazer seus desejos.

"Quando uma criança chora, está pedindo atenção. Todas as suas ambições e desejos são baseados na sutil, mas forte exigência do ego por atenção. Quando você quer se tornar um profissional bem-sucedido, está buscando atenção. Você não quer ser uma pessoa comum, quer ser extraordinário, melhor do que os outros. Não pode simplesmente contentar-se com o que você é. Tem a necessidade de ser reconhecido e honrado. Isso acontece porque as pessoas têm a tendência a habitar mais na mente do que no coração. Amma não está dizendo que vocês não devem ter essas ambições. Não há problema em tê-las, mas não devem deixar que elas lhes tornem excessivamente orgulhosos ou egocêntricos. Vocês não devem se deixar levar demais pela mente e seus desejos.

"Um cientista pode ser um profissional melhor se aprender a ser menos egocêntrico. Um político pode ser um exemplo melhor e uma fonte de inspiração para o povo se ele aprender a trabalhar mais a partir de seu coração do que a partir de sua mente. Um atleta terá maior capacidade de conquista se for capaz de controlar seu ego.

"Quanto mais egocêntrico você for, mais atenção requisitará e mais sensível você se tornará em relação a tudo. Você passa a esperar que as pessoas falem e se comportem com você de determinada maneira e a exigir respeito por parte dos outros, mesmo que não mereça.

"Amma conhece um músico que exige ser tratado com grande respeito. Ele é um músico talentoso, mas seu orgulho o tornou uma personalidade pouco atraente. Um dia, um de seus admiradores, que por sua vez é também um bom conhecedor de música, fez um comentário sobre a forma de o músico cantar certa canção clássica indiana. O comentário foi feito diante de um pequeno grupo de admiradores do músico. Infelizmente, o músico não aceitou a crítica, mesmo tendo sido feita de maneira delicada e respeitosa. Ele tomou-a como um insulto e esbofeteou o outro na frente de todos.

"Pessoas egocêntricas, quem quer que elas sejam, têm profundo medo de não serem respeitadas. Temem perder sua importância. Não podem nem mesmo sonhar com tal coisa, porque essa é a base de toda a sua existência. Seus egos se alimentam da admiração e respeito que recebem das outras pessoas. Se não conseguem isso, quebram-se em pedaços. Se não recebem elogios, ou o respeito e a atenção de que precisam, ficam irritadas e de mau-humor. Em razão de seu ego e senso de auto-importância, essas pessoas não conseguem aceitar nenhuma crítica, nem mesmo construtiva. Sentem-se profundamente feridas se qualquer pessoa questiona alguma coisa a seu respeito. Querem sempre ser o centro de qualquer discussão, especialmente quando estão presentes. Toda sua vida gira em torno da atenção que podem conseguir. Quando essas pessoas finalmente se aposentam, sua única fonte de entretenimento é recordar o passado. Vivem no passado, por ter sido a época em que receberam o máximo de atenção. Suas aposentadorias serão uma experiência miserável, porque não terão mais como alimentar seus egos, além de suas lembranças do passado. Ou elas vivem no passado, ou mantêm alguns de seus admiradores mais fervorosos por perto, para que possam receber ainda alguma atenção e ouvir sobre seu glorioso passado.

"Ouçam essa história interessante: O período da dissolução final tinha chegado ao fim, e a próxima criação estava prestes a ter início. Brâman, o Criador, concebeu uma multidão de espécies. Era hora de determinar o tempo de vida de cada criatura. Ele começou com o homem. Ao homem, concedeu trinta anos de vida. Mas o homem não ficou contente e pediu uma vida mais longa. Brâman retrucou que o tempo de vida não poderia ser alongado arbitrariamente, pois o número total de anos que seriam dados a todas as criaturas já havia sido estabelecido. Mas o homem insistiu em receber um período de vida mais longo. Ele orou e implorou a Brâman, até que o Senhor finalmente disse: 'Está bem. Deixe-me ver se posso ajudá-lo. Fique aqui ao meu lado e espere. Vou chamar as outras criaturas. Se alguma delas não quiser todo o seu quinhão de vida, vou deixá-la decidir o quanto quer viver e, então, vou dar a você os anos que sobrarem.' O homem concordou alegremente e ficou de pé ao lado do Criador, enquanto Ele chamava cada espécie.

"Brâman, em seguida, chamou a vaca e lhe deu um período de vida de quarenta anos, ao que ela respondeu: 'Ó Senhor, eu não poderia agüentar viver uma vida tão longa. Tenha misericórdia de mim e corte-a pela metade.' Brâman assim fez e transferiu os vinte anos restantes da vida da vaca para o homem. O homem ficou feliz em ter cinqüenta anos de vida.

"Em seguida, Brâman chamou o burro, a quem Ele havia atribuído cinqüenta anos de vida. Em tom de lamentação, o burro disse: 'Ó meu Senhor, não seja tão cruel! Teria sido melhor não ter nem me criado! Meu Senhor, não quero viver tanto tempo. Vinte e cinco anos é mais do que suficiente para mim. Por favor, seja gentil e não me dê mais do que isso'.

Outros vinte e cinco anos foram dados ao homem. Assim, a duração da vida do homem havia aumentado para setenta e cinco anos. Mesmo assim, ele continuava a esperar, cheio de expectativa.

"Depois do burro, Brâman chamou o cachorro e estava prestes a abençoar-lhe com trinta anos de vida, quando o cão começou a uivar em protesto. Ele disse ao Senhor: 'Não, meu Senhor! Não quero estar sobre a Terra por mais do que quinze anos.' Assim, o homem recebeu mais quinze anos de bônus.

"Brâman virou-se para ver se o homem estava satisfeito. Surpreendentemente, só se via insatisfação em seu rosto.

"A quinta espécie a ser chamada foi a minhoca. Brâman lhe propôs uma vida de dez anos. Ao ouvir isso, a minhoca quase desmaiou. Ela pleiteou junto ao Criador: 'Ó Senhor, eu tremo em pensar numa vida tão longa e miserável. Por gentileza, reduza-a para apenas alguns dias!' De novo, o homem ficou muito feliz em receber mais dez anos, o que elevou seu período de vida para cem anos. Tendo recebido cem anos de longevidade, o homem se alegrou e dançou em celebração e começou a viver sua vida sobre a Terra.

"Filhos, até a idade de trinta anos, a vida é um período de educação para o homem – um período em que ele é livre de todas as preocupações e responsabilidades da vida, levando uma vida fácil e sem cuidados. Depois, ele se casa. A partir de então, sua vida é parecida com a do boi. Da mesma forma que o boi esforçadamente puxa uma carroça, o homem se sobrecarrega, puxando a pesada carga de sua família. Assim, chegam os cinqüenta anos. E continua carregando a pesada carga de responsabilidades relativas à vida e à família. Já não desfruta mais da saúde e vigor que ostentava em seus dias mais jovens e está começando a ficar mais preguiçoso. Sua vida, neste estágio, pode ser comparada com a do burro, pois agora ele vive o período de vida de um burro.

"Quando os anos de vida do burro chegam ao fim, o homem está totalmente exausto e sem forças. Pelos próximos quinze anos, ele é relegado a guardar a casa, como um cachorro, e a cuidar dos netos. Passa a maior parte de seu tempo sentado sozinho, ou deitado, completamente ignorado tanto por seus filhos como por seus netos. Ele agora pensa constantemente no passado e em suas lembranças.

"Seus últimos dez anos, emprestados pela minhoca, o homem passa rastejando. Ele fica incapacitado pela idade e a doença. Seu corpo e seus sentidos tornam-se impotentes. Só o que pode fazer é ficar deitado, remoendo seu passado, que foi tudo que lhe sobrou. Finalmente, ele se vai dessa vida, da mesma forma que a minhoca. A face de uma vida assim é marcada pelo desespero, pelo arrependimento e pelo sofrimento."

Enquanto ouviam a linda parábola, os devotos sorriam gentilmente, reconhecendo o quão verdadeira era. A Amma sorriu para eles e disse: "Filhos, aprendam a viver como se nunca tivessem existido. Somente então, viverão na Verdade."

Capítulo três

Sakshi bhava (estado de testemunha)

Os *brahmacharins* e alguns devotos do Ocidente estavam sentados em torno da Amma, nas imediações do *ashram*. Um dos ocidentais fez uma pergunta sobre *sakshi bhava*, a experiência de ser uma testemunha diante de todas as coisas.

Pergunta: "Amma, noutro dia, a Senhora mencionou o estado de *sakshi bhava*, ou consciência que testemunha. Pergunto-me se testemunhar seria uma função da mente ou uma experiência além da mente?"

Amma: "Não, não é uma função da mente. *sakshi bhava* é um estado no qual a pessoa permanece constantemente desapegada e intocada, simplesmente assistindo a tudo o que acontece, sem interferência da mente e seus pensamentos. Você não pode ser uma testemunha de tudo se houver interferência constante da mente. A mente consiste de pensamentos. Só consegue pensar e duvidar. No supremo estado de testemunho, você habita sempre em sua natureza verdadeira.

"Em *sakshi bhava*, você se torna uma testemunha de tudo. Simplesmente assiste a tudo. Não existe apego ou envolvimento. Existe somente observação. Você é um observador até mesmo de seus pensamentos. Ao observar conscientemente seu próprio processo mental, você não está pensando – não está fazendo nada. Está quieto. Está simplesmente assistindo e desfrutando, sem se mobilizar ou ser afetado por nada. Como poderia a mente estar em tal estado? A mente só pode pensar, duvidar e se apegar. Não pode ser uma testemunha.

"O ato de pensar é próprio da mente. Por outro lado, o testemunhar pertence ao Ser Superior. No estado de testemunha, habita-se na Consciência Pura. A mente e seus pensamentos não são reais. Eles são ficção de nossa própria criação. Somente a Consciência é real. Pensar pode parecer natural para você, mas não é. Não é parte de sua existência real. Seus pensamentos e seu ego não criam nada, a não ser insatisfação e agitação. Não pertencem a você, e a agitação continuará até que sejam eliminados.

"O testemunho é o estado de simplesmente observar com perfeita consciência. No estado de *sakshi bhava*, você está absolutamente consciente. Por outro lado, quando está identificado com sua mente e seus pensamentos, você não está consciente, está muito afastado da Consciência Pura. Você está no escuro e não pode realmente ver. A mente vê apenas o mundo externo, a forma externa das coisas - nunca pode ver algo como realmente é. A pessoa não vê, só pensa e, quando pensa, perde a percepção da coisa como ela é. Quanto mais pensamentos acumular e quanto mais indulgência demonstrar, criará mais pensamentos que irão afastá-la de seu verdadeiro centro. Para testemunhar é necessário estar estabelecido em um estado supremo de desprendimento. Uma mente apegada não pode observar, pois fica identificada com os pensamentos e objetos. Ela só se importa com o 'eu' e o 'meu'. No testemunho, não existe experiência de 'eu' e 'meu'. A pessoa ultrapassa tais pensamentos limitados e mesquinhos."

O verdadeiro centro é interior

"Quando você se torna observador de tudo, não tem mais nenhuma reclamação. Tudo, 'você' ou 'eu', é o Supremo Senhor ou a Suprema Consciência. Uma vez estabelecido nesse estado, nada pode feri-lo ou afetá-lo. Você se afasta da mente e não se identifica mais com o corpo. O corpo está lá, mas é como se estivesse morto. Você não dá nenhuma importância ao mundo externo ou àquilo que as pessoas falam. Você sabe que, na verdade, não pode agradar ou desagradar ninguém. Algumas vezes, você age como se estivesse louco; em outras, parece uma pessoa comum. Em certo momento, parecerá envolvido no mundo; noutro, estará além de todo sentido de identificação, completamente livre de preocupações e desapegado. Talvez seja extremamente amoroso e cheio de compaixão e, em seguida, pareça não possuir qualquer traço de amor. Haverá algo de imprevisível a seu respeito.

"Ao atingir o estado de *sakshi bhava*, a pessoa pode ter o humor que desejar, pode ir a qualquer nível de consciência, do mais alto ao mais baixo e vice-versa. Mas ao mesmo tempo, será uma testemunha. Tudo se torna um lindo jogo delicioso, uma brincadeira maravilhosa. Externamente, as pessoas verão você mudar de humor, mudar de lugar ou de emoção, contudo, internamente você estará imóvel. Sem jamais se afastar daquele centro de Realidade. O verdadeiro centro é interno. Não pode ser encontrado no mundo externo.

"Quando a pessoa se estabelece nesse centro real, não se move mais. Estará estabelecida ali para sempre. E, ao mesmo tempo, poderá mover-se sem limites, de formas infinitas, sem sequer deixar o centro. Você se torna Deus, e Deus pode mover-se infinitamente. Não existem limites.

"Quando estiver estabelecido no centro da existência, poderá desconsiderar tudo, se quiser. Ou, se desejar, sorrir para tudo. Você será livre para tanto. Se não quiser dormir ou comer, não haverá necessidade disso. Por outro lado, poderá comer o que quiser; se quiser dormir por um ano, isso também será possível. Mas, por dentro, você estará acordado, plenamente desperto. Embora pareça estar dormindo, não estará de maneira alguma, e embora pareça estar comendo, não estará comendo nada. Se você quiser permanecer em seu corpo, será possível. Ou se quiser deixar seu corpo, isso também será possível. Tendo deixado seu corpo, se quiser entrar de novo nele, poderá fazê-lo. Se não quiser voltar, poderá permanecer onde está. Você poderá escolher o ventre em que irá entrar e que tipo de corpo terá. Qualquer coisa é possível.

"As pessoas dizem que você está fazendo algo, mas você sabe que não está fazendo nada. Está apenas assistindo, apenas testemunhando.

"Portanto, o testemunho só acontece quando você se torna totalmente não-identificado com a mente e o processo mental. Então, você se torna plenamente consciente de tudo, mesmo do seu próprio processo mental. Para o aspirante espiritual, isso também pode ser praticado como uma postura diante de todas as coisas."

Seja plenamente consciente

Pergunta: "Amma, o que quer dizer com ser plenamente consciente de seu processo mental? "

Amma: "Você pode ver um pensamento aparecendo em sua mente? Pode ver como o pensamento vem e, depois, morre? Quando você consegue observar um pensamento claramente, esse pensamento fica fraco. Quando se identifica com um pensamento, você lhe confere poder, e ele culmina em uma ação. Quando você não está identificado com um pensamento, ele não tem poder. Torna-se fraco e inativo. Quando vê um pensamento e não se identifica com ele, você está testemunhando. Quando você testemunha, está totalmente consciente. No testemunho não há pensamento, o que significa que você não se identifica com nenhum pensamento. No testemunho só existe a consciência.

"Por exemplo, você pode ver duas pessoas brigando. Ao testemunhar a briga, você não toma parte e não tem nada a ver com ela. Está simplesmente consciente dela, assistindo-a conscientemente. Quando você testemunha, está consciente e bem acordado. Sua consciência não está enevoada, está clara e intocada pelo que vê.

"Mas e as pessoas que estão brigando? Elas participam da briga. Elas não podem ver, porque estão inconscientes. A energia negativa e os sentimentos negativos, como a raiva, o ódio e a necessidade de vingança, obscurecem suas mentes e as deixam cegas. Quando a energia negativa predomina, a pessoa não está realmente consciente e, portanto, não pode testemunhar.

"Sua mente consiste em energia negativa, seus pensamentos são energia negativa. Tornar-se uma testemunha é realmente acordar e se tornar consciente de tudo o que acontece, interna e externamente.

Mas, na realidade, não há dentro e fora. Nesse estado de supremo testemunho, você se torna o centro de tudo, simplesmente observando todas as mudanças que ocorrem. As mudanças nunca o afetam, porque você se tornou o centro, a própria força vital em tudo. No estado de testemunha, você se torna uno com a Suprema Energia Cósmica."

Pergunta: "Amma, a Senhora disse que quando nos tornamos uma testemunha, nada nos afeta. No entanto, até mesmo os *mahatmas* parecem sofrer de males físicos."

Amma: "Filho, você está certo. É verdade que parecem sofrer, está correto. Eles nunca sofrem, mas parecem sofrer. Quando a pessoa se torna uma testemunha, testemunha até mesmo a morte de seu corpo. Simplesmente assiste o sofrimento de seu corpo.

"Escute essa história: Havia um santo que vivia à beira do rio Ganges. Ele estava totalmente absorvido no estado de consciência de Deus e, nesse estado, constantemente pronunciava o mantra 'Shivoham, Shivoham'. (Sou Deus, sou Deus). O recitar constante do santo era ouvido pelos monges que viviam na outra margem. Um dia, quando estava sentado nas margens do rio, recitando seu mantra usual 'Shivoham, Shivoham', um leão saiu das florestas do Himalaia, dirigindo-se ao santo. Os *sannyasins*, do outro lado do Ganges, assistiram horrorizados, enquanto o animal selvagem se aproximava do santo e se preparava para pular sobre ele. Eles gritavam do outro lado: 'Cuidado com o leão! Corra ou jogue-se no rio para salvar sua pele!' Quando o santo viu o leão vindo em sua direção, não demonstrou medo algum. Aceitou o que estava prestes a acontecer, pois havia chegado a hora para sua vida sobre a terra terminar. Como ele vivia no estado de unidade com toda a criação, não vivenciava nenhuma diferença ou separação entre o leão e si mesmo. Ele e o leão eram um; era ele mesmo que rugia através do animal. O santo continuou sentado onde estava, cantando calmamente, 'Shivoham, Shivoham'. Os monges viram quando o leão saltou em cima do velho santo. Quando o leão o agarrou, ele continuou a recitar sem temor 'Shivoham, Shivoham'. O animal começou a rasgar seu corpo, mas que incrível, o santo continuava recitando 'Shivoham, Shivoham', como se ele mesmo, sob a forma de leão, estivesse simplesmente saciando sua fome. Durante toda a cena de sua morte, o santo comportou-se como se nada estivesse acontecendo.

"Existem biscoitos com formatos de diferentes animais. Alguns, por exemplo, têm forma de tigres e coelhos. Você acha que um biscoito com a forma de um tigre é um tigre, só porque tem esse formato? E quando vê um biscoito de tigre junto com um biscoito de coelho, você acha que o coelho tem algo a temer? Será que o biscoito sob a forma de coelho ficará com medo, pensando que será morto e comido pelo biscoito com forma de tigre? Não, é claro que não, porque, basicamente, não existe diferença entre eles. Os diferentes formatos são feitos dos mesmos ingredientes. O mesmo acontece quando você sabe que é o Atmã. Você se torna uma testemunha imparcial e impessoal, que a tudo observa em completa consciência. Você sabe que as diferentes formas de todos os fenômenos, dos seres humanos e de todas as circunstâncias na vida são feitas do mesmo ingrediente subjetivo – o Ser Superior.

"A mente é o seu passado. Morra para o seu passado e, subitamente, tornar-se-á totalmente consciente. O passado não é nada além de restos mortais. Livre-se dele e aprenderá a testemunhar. Quando você morrer para seu passado, para seus pensamentos e memórias, então estará totalmente no presente. Quando você reside verdadeiramente no presente, está simplesmente testemunhando. O passado só pode existir enquanto houver pensamentos. Quando os pensamentos são eliminados, o passado desaparece, e você reside em seu próprio Ser Superior. O Ser Superior não faz nada além de testemunhar; não é uma pessoa, é Consciência Pura. É completamente independente de todos os fenômenos. É o estado de ser o único sujeito, o cerne de sua existência.

"Filhos, neste momento vocês estão levando uma vida inconsciente. Talvez pensem: 'Como posso estar inconsciente? Estou andando, comendo e respirando e, ainda assim, a Amma diz que estou levando uma vida inconsciente. É claro que estou consciente!

Se não, como essas coisas poderiam estar acontecendo dentro de mim e a minha volta?' Você pode ter uma centena de argumentos para provar que está consciente, mas a verdade é que não está. "Filho, você pode dizer que está plenamente acordado porque anda, come, respira e vê. Sim, você pode estar fazendo todas essas coisas, mas quantas vezes por dia está realmente consciente de suas mãos e pernas, língua, boca e respiração? Mesmo quando come, não tem consciência da mão que o está alimentando ou da língua em sua boca. Quando anda, não está consciente de suas pernas. Estará consciente de sua respiração? Ao olhar em volta, e observar toda a beleza e feiúra à sua frente, estará cônscio de seus próprios olhos? Mesmo quando seus olhos estão bem abertos, está cônscio deles? Não, de forma alguma. Está fazendo tudo, mas inconscientemente. Está levando uma vida inconsciente. E, ainda assim, está pronto para proclamar que está consciente, que leva uma vida consciente. Portanto, desperte e seja consciente."

Amma parou de falar e começou a meditar. Depois de algum tempo, abriu os olhos e pediu ao Br. Balu que cantasse uma canção. Ele cantou *Nirkkumilapol Nimishamatram...*

A criação inteira se eleva e se dissolve
Em um segundo, como uma bolha.
Não se pode entender esse fenômeno
A menos que a mente desapareça.

A mente sumirá somente quando você entender
Que é uma ilusão.
Não se pode compreender a própria mente;
Ela está coberta por escuridão.

A mente não pode entender a mente
Pois ela esconde sua própria natureza.
Mas a mente proclamará
Que sabe.

Você virá a entender
Que a mente não sabe nada.
Mantendo sua mente calma e firme
E praticando tapas.
Então você saberá
Que a mente não existe
Que a mente é uma não-mente
E quando a mente não está presente,
Tudo brilha e se destaca como o Atmã,
O Ser Superior Puro.

O poder de testemunhar existe no interior

Quando a canção acabou, a Amma continuou a falar sobre teste-munhar: "A experiência de testemunhar, na verdade, acontece todo dia. É só questão de estar consciente disso. Quando essa consciência chegar, quando você experimentar o seu sabor, sua alegria e sua bem-aventurança, estará no caminho certo.

"Imagine um casal discutindo, insultando um ao outro, usan-do as palavras mais rudes. Então, chegam os vizinhos. Ao ouvir a gritaria, vêm ver o que está acontecendo. Fazem todo o possível para acalmar e consolar o casal que briga. Mas os dois continuam a vociferar. Os vizinhos falam com eles e tentam dar todo o aconse-lhamento possível. Os vizinhos estão calmos e controlados, enquanto tentam lidar com essa situação complicada. Eles têm a capacidade de enxergar o problema e, portanto, podem opinar sobre ele. Por fim, conseguem resolver a briga.

"Como conseguiram ficar tão calmos e pacíficos? Isso foi possí-vel porque estavam apenas testemunhando a cena, não faziam parte dela. Suas mentes não estavam tão obscurecidas ou turbulentas quanto às do casal que discutia. Eles estavam bem mais calmos e por isso mais aptos a ser bons conselheiros.

"Por outro lado, o marido e a esposa que discutiam deixaram-se levar por suas mentes turbulentas e pela energia escura e negativa que liberavam. Eles estavam agitados e imersos nessa escuridão. Eles não conseguiam ver nada; não conseguiam testemunhar a situação, porque estavam muito identificados com suas mentes negativas. Por outro lado, o outro casal estava em paz consigo mesmo e, portanto, mais apto a ter uma visão melhor da situação. Por terem certa luz, ou seja, não estarem envolvidos na situação, puderam colocar-se em posição de observadores do evento. Não ficaram totalmente cegos. O véu dos pensamentos agitados era menos presente neles do que no outro casal. Mas o oposto aconteceria, se tivessem uma discussão. Então, os vizinhos que antes brigavam poderiam ser capazes de observar e testemunhar, e seria a sua vez de agir como conselheiros.

"Esse exemplo mostra que o poder de testemunhar existe dentro de todos. Ele também deixa claro que testemunhar só é possível se a mente estiver calma e quieta, se a pessoa não estiver envolvida.

"Se essa habilidade de testemunhar pode acontecer durante certos momentos de nossas vidas, deveríamos poder vivenciá-la constantemente, em qualquer situação. Isso pode ser alcançado, porque se trata, na realidade, de nossa natureza verdadeira.

"No exemplo acima, a mente ainda existe. Ela se tornou menos ativa naquele momento em particular, mas a agitação retornará. É muito difícil estar em estado de testemunho quando circunstâncias difíceis acontecem em nossas vidas.

"Existem psicoterapeutas, conselheiros e curandeiros em todo o mundo que tentam resolver os problemas físicos e mentais das pessoas. Podem ser especialistas em seus respectivos campos de ação, mas são profissionais fazendo seu trabalho e estão apegados a isso e a muitas outras coisas. O testemunho não pode acontecer quando se está apegado. Uma pessoa com muitos apegos não pode realmente ajudar os outros. Somente a pessoa que verdadeiramente conhece a arte de testemunhar, que está estabelecida no Ser Superior, no verdadeiro centro, pode realmente ajudar os outros.

"Especialistas analisam os problemas de seus pacientes, que derivam do passado, e depois tentam sugerir certos métodos através dos quais a depressão e a ansiedade do paciente poderão ser superadas. Enquanto são os outros que precisam da ajuda do terapeuta, tudo está bem. Ele pode ajudar até certo ponto. Mas e se alguma coisa acontece em sua própria vida? Então tudo entra em colapso. O terapeuta não é capaz de aplicar em si os mesmos métodos que tentou com todos os seus pacientes. Quando algo de errado ocorre em sua própria vida, ele não pode mais aconselhar as pessoas de forma eficiente. Ele se torna inútil.

"Por quê? Porque enquanto quem precisa de ajuda é outra pessoa, o terapeuta pode, até certo ponto, ficar de lado e observar o problema. Sua mente está clara, e ele apenas observa o problema; não está envolvido nele e, portanto, está apto a sugerir alguns métodos úteis. Mas quando o problema acontece em sua própria vida, a mente expõe todas as suas tendências negativas. Ele não pode mais ser uma testemunha, porque está envolvido no problema, completamente identificado com ele.

"Qual é a utilidade de todos nossos métodos, se não podem ser aplicados em nossas próprias vidas? E se não têm uso prático em nossas vidas, como podemos esperar que funcionem com eficiência na dos outros?

"Filhos, estar estabelecido em *sakshi bhava* é o verdadeiro propósito da vida. Esse supremo estado de testemunho é o eixo em torno do qual tudo na vida e no universo gira. Você pode trabalhar, usar sua mente e seu intelecto. Pode viver em um lar e uma família. Pode ter muitas responsabilidades em casa e deveres no trabalho, mas quando estiver estabelecido em *sakshi bhava*, no Centro real, poderá fazer qualquer coisa sem mover-se um centímetro desse centro.

"Estar no estado de *sakshi bhava* não significa que você permanecerá indiferente, sem cuidar de seus afazeres. Poderá continuar envolvido com os estudos dos filhos, a saúde dos pais, do cônjuge e assim por diante. Ainda assim, em meio a todos esses problemas externos, permanecerá um *sakshi*, uma testemunha, diante de tudo que acontece e tudo o que faz. Interiormente, você estará perfeitamente quieto e imperturbado.

"Quando um ator faz papel de vilão em um filme, ele atira contra o inimigo, fica zangado e pode ser cruel e traiçoeiro. Mas será que, por dentro, o ator fica zangado de verdade? Está realmente cometendo aqueles atos? Não, não está. Ele é apenas uma testemunha de tudo o que faz. Ele fica à parte e assiste, sem se envolver ou ser afetado. Ele não está identificado com as expressões externas de seu corpo. Da mesma forma, aquele que está estabelecido em *sakshi* permanece intocado e tranqüilo interiormente, sob todas as circunstâncias."

Pergunta: "Amma, a Senhora diz que a pessoa que está estabelecida em *sakshi bhava* ficará calma e impassível em todas as circunstâncias, positivas ou negativas. Mas a Senhora também diz que, exteriormente, a pessoa pode se comportar como um indivíduo comum. Isso parece uma contradição."

Amma: "Um *sakshi* pode escolher. Se quiser pode expressar emoções ou pode ficar inalterado. Tais pessoas, embora possam expressar sentimentos humanos comuns, também possuirão beleza e magnetismo incomparáveis. Terão um carisma natural. Embora possam expressar vários sentimentos diferentes, podem também se desfazer de um desses sentimentos a qualquer momento. Se resolverem permanecer calmos, quietos e afastados, podem fazê-lo com facilidade. Se quiserem expressar qualquer sentimento, tais como amor e compaixão no seu sentido mais absoluto, com todo seu ser, isso também é possível."

Amma elaborou: "Ao atingir esse estado de realização, se a pessoa quiser exteriormente dar a impressão de ser afetada por alguém, por uma experiência ou por uma situação, ela permite isso. Lembre-se que a própria pessoa permite que algo aconteça ou não, porque sua mente, que está perfeitamente sob seu domínio, não receberá, rejeitará ou reagirá a nada sem sua permissão. Se quiser permanecer quieta e desapegada, como um *sakshi*, poderá fazê-lo. Mas se quiser estabelecer um exemplo de renúncia, sacrifício e amor desinteressado, ela vai simplesmente viver de acordo com esses ideais. Talvez tenha que passar por tristezas e sofrimentos extremos, muito mais do que qualquer outro ser humano, mas mesmo assim não se afetará internamente.

"Talvez a pessoa queira expressar profunda simpatia ou tristeza por alguém, sabendo que, se fizer isso, provocará uma grande mudança na vida daquela pessoa. Por isso, expressa o sentimento, mas ainda é testemunha dessa expressão. Quando demonstra esse sentimento de tristeza, a pessoa à sua frente sente-se grata por sua compaixão. Seu profundo amor e preocupação têm um grande efeito sobre ela, porque, ao expressar um sentimento, o *sakshi* o faz com total verdade, perfeição e plenitude. Nunca expressa nada pela metade, todo seu ser estará envolvido no ato. Da mesma forma, ele pode expressar qualquer humor, a qualquer hora, positivo ou negativo. As pessoas vão sentir isso e seus corações serão tocados. Sempre produzirá o efeito desejado. O *mahatma*, entretanto, é somente uma testemunha do sentimento ou humor expressado por meio de sua forma corporal.

"Se o *mahatma* quiser, poderá expressar raiva, ansiedade, medo ou animação. Mas será apenas na aparência externa, porque sua mente sempre permanecerá quieta e calma. Para ele, será simplesmente como usar uma máscara. Ele nunca se identifica com ela, pois sabe que não é a máscara.

"Nosso problema é que nos identificamos com todos os humores da mente. Quando estamos com raiva, nos *tornamos* a própria raiva. O mesmo ocorre com o medo, excitação, tristeza e felicidade. Nós nos tornamos um com essas emoções, quer sejam positivas ou negativas. Identificamo-nos com a máscara.

"Quando você está de mau humor, talvez fique zangado; e quando está de bom humor, talvez se sinta tranquilo e amoroso. Na realidade, nenhum desses humores é você de verdade. Por exemplo: Você tem uma casa, uma família, um belo cachorro e um gato. Suponha que alguém lhe pergunte: 'De quem é essa casa?' O que responderá? Dirá: 'É minha.' E dirá o mesmo a respeito do carro, família, gato e cão. São todos seus. Mas o que é seu não é você realmente. É diferente de você. A casa é sua, mas não é você. Seu corpo é seu, mas não é você. O mesmo é válido para sua mente, pensamentos e intelecto. Eles são seus, mas não são você. Você é aquele que vê através dos olhos, aquele que percebe as emoções que sente, o pensador por trás dos pensamentos. Você é aquele que sente, pensa, vê, ouve e prova os sabores. Você é o sujeito; quem vivencia. Quando se torna o sujeito por trás de tudo, todas as diferenças desaparecem e você vai além.

"Desconhecendo que você é o poder por trás de todo o universo, não sabendo que é a sua própria força vital, a totalidade de toda energia existente, você se identifica com sua mente, com seus pensamentos e sentimentos e diz: "Eu sou fulano de tal, estou com raiva, com sede, com fome etc." Você se identifica com o exterior e não com o interior. Quando se identificar com o interior, não mais haverá exterior e interior, porque transcenderá ambos.

"Por toda Sua vida, até o fim de Sua encarnação na terra, o Senhor Krishna permaneceu uma testemunha pura de tudo o que acontecia. O sorriso em Seu rosto nunca O deixou, fosse no campo de batalha ou em meio a qualquer outro desafio da vida. Ele permaneceu perfeitamente calmo, com aquele fascinante sorriso. Mesmo quando Dwaraka, Sua morada, foi tragada pelo mar e quando o caçador desfechou a flecha fatal que pôs fim ao Seu invólucro mortal, Sri Krishna ostentou aquele mesmo sorriso benigno em Seu semblante, porque nunca se desviou do estado de *sakshi bhava*. Era uma constante testemunha de tudo o que acontecia em Sua vida. Ele nunca se identificou com o exterior. Permaneceu sempre o Ser Superior."

A Amma parou de falar e passou, de repente, para outra esfera de consciência. De vez em quando, Ela se entregava a uma onda de risos cheios de alegria. Passado algum tempo, começou a fazer círculos no ar com Sua mão direita. Ela abriu os olhos e pediu aos *brahmacharins* que cantassem uma música. Eles entoaram *Parisuddha Snehattin*...

Teu Nome
É o nome do Puro Amor
Tu és o reflexo da Eterna Verdade
Tu és a fresca corrente de Paz
Que ofereces conforto ao meu coração.

Tua generosidade é abundante
Para realizares os desejos
Daqueles que vêm a Ti
Buscando os prazeres mundanos.

Tu despejas o néctar do Conhecimento
Naqueles que se rendem
Aos Teus Pés.
Tu és a morada da paz e amor
Chamando a alma.

Estás espalhando a mensagem
Da fraternidade
Pelo mundo
E cantas a música
Da liberdade eterna.

Tu és nossa inspiração
Levando-nos à terra da liberdade imortal.
Acendestes o candeeiro do Amor
E estás sempre nos guiando
Em direção do conhecimento
Da Eterna Verdade.

Aos Teus Pés de Lótus
Coloco uma flor,
Retirada dos recessos interiores de meu coração,
Com uma oração:
Que me confiras

A dádiva da devoção indivisa
E do yoga imutável.
Para que eu obtenha
O êxtase do Ser Superior.

Amma, a Sarvasakshi

A Amma é um exemplo vivo do supremo estado de *sakshi bhava*. Basta observar Sua vida para perceber que Ela está constantemente nesse estado. Toda Sua vida serve como um exemplo disso. Por toda Sua infância, Ela teve que se submeter a provas e tribulações severas, vindas de todas as direções. Como vivia em meio a pessoas que eram completamente ignorantes, tinha que ser paciente e desapegada para poder concluir todas Suas realizações. Ela permaneceu firme e inabalável, como o Himalaia, diante das tremendas dificuldades que teve que enfrentar.

O *Bhagavad Gita* diz:

Brâman, ou o Atmã, é intransponível, incombustível, impermeável. Ele é eterno, onipresente, estável, imóvel e imortal.

— Capítulo 2, verso 24

Em sua vida, a Amma nunca foi afetada por ninguém e por nada. Nunca reclamou do passado, nem se preocupou com o futuro. Calma e corajosa, conseguiu enfrentar todas as situações difíceis na vida com um sorriso, sempre pronta para aceitar o que quer que acontecesse. Diante do sofrimento interminável pelo qual passou, uma pessoa comum teria sido derrotada, perdendo toda autoconfiança e coragem.

Apesar dessas circunstâncias adversas, sem apoio de ninguém, nem mesmo de Sua própria família, Amma conseguiu formar uma grande organização completamente sozinha.

Acordem, Meus Filhos! Volume 7

Ela nasceu em família simples, em uma pobre comunidade de pescadores. Não recebeu qualquer tipo de educação formal e não tinha dinheiro à Sua disposição. Contudo, que alturas inimagináveis Ela alcançou! Como explicar isso?

Alguém Lhe perguntou, recentemente: "O que a Senhora acha da enorme transformação que ocorreu em Seu *ashram* e na organização? Houve um tempo em que as pessoas tentaram desgraçá-La e também criar todo tipo de obstáculo em Sua vida. Entretanto, agora a Senhora é reconhecida e adorada em todo o mundo. Como se sente com relação a isso?"

A Amma, sorridente, respondeu: "Amma não sente diferença alguma. Amma é sempre a mesma. Naquele tempo das ditas dificuldades, Eu vivia no meu Eu Superior; agora que 'nome e fama' chegaram, continuo a viver dentro de meu Ser."

Sim, a Amma é sempre a mesma e Seu Amor e Compaixão nunca oscilam. No entanto, Ela pode ser brincalhona como uma criança quando quer. Ela pode se desligar desse mundo e habitar Seu próprio plano de consciência, sempre que deseja. Ela pode permanecer completamente desligada e prescindir de alimento e sono por quanto tempo quiser. O mundo não a afeta de maneira alguma.

Os moradores da aldeia, por ignorância, ameaçaram Sua vida diversas vezes. Eles A insultaram e espalharam falsos rumores a Seu respeito. Em certa ocasião, Seu próprio irmão mais velho, Subhagam, junto com um de Seus primos, planejou matá-La e até tentou esfaqueá-La. Mesmo assim, Ela pôde sorrir-Lhes e dizer: "Eu não temo a morte. Vocês podem matar este corpo, mas o Ser Superior é imortal, indestrutível. Vocês não podem matar o Ser Superior." Em seguida, calmamente, Ela se sentou e ficou quieta. Os atacantes ficaram impotentes. Não conseguiram fazer nada contra Ela. Esse é o poder do Ser (Atmã). Só é possível para aquele que está estabelecido em *sakshi bhava*, assistindo a tudo, enquanto habita no supremo estado da consciência que testemunha.

38

O infinito poder do Ser Superior

A Amma, certa vez, disse: "Quando a pessoa está estabelecida no estado de não-mente, ninguém pode lhe fazer nada, a menos que o permita conscientemente. Ela pode permitir que algo aconteça ou não, mas permanece uma testemunha completamente intocada ou tranqüila, sempre estabelecida no estado de supremo desapego. Suponha que alguém queira machucá-lo ou mesmo matá-lo. Não poderá levantar um dedo contra você, se não o permitir. Se o seu *sankalpa* (resolução) não estiver ali, nada do que fizerem poderá afetá--lo. De alguma forma misteriosa, os agressores sempre fracassarão. No final, talvez cheguem à conclusão que alguma coisa, algum poder divino, o está protegendo. Mas esse poder é o infinito poder do Ser Superior. Não é um poder externo. A fonte desse poder está dentro de você. Você se torna aquele poder infinito. Quando não tem ego, você é tudo. O universo inteiro está com um ser iluminado. Mesmo os animais, as árvores, as montanhas, os rios, o sol, a lua e as estrelas estão ao lado da alma auto-realizada, porque nesse estado não existe ego. Quando você se prostra diante de toda a existência, em profunda humildade, o universo se prostra diante de você e se põe a seu serviço. Contudo, você também pode comandá-lo a agir contra você, porque, de qualquer forma, você não é afetado.

"Quando não existe mente ou ego, você fica unido a toda existência; o universo, com todos seus seres, torna-se seu amigo. Nenhuma criatura irá vê-lo como inimigo. Mesmo um inimigo será seu amigo, será um com você, porque ele é o seu próprio Ser Superior, embora não esteja consciente dessa verdade. Se, internamente, você é um com o inimigo, como poderá ser seu inimigo? Como poderá qualquer pessoa ou qualquer coisa, animada ou inanimada, que de fato existe dentro de você como parte do seu Ser, feri-lo de alguma maneira? É impossível. Quando deixar o ego de lado, nada poderá lhe acontecer, a menos que você queira.

"Rana de Mewar queria matar Mira Bai. Ele lhe enviou uma taça de veneno, dizendo que era uma bebida especial que havia preparado para ela. Junto com a taça, enviara uma linda carta, cheia de doces palavras de desculpas por toda a crueldade que lhe havia demonstrado.

"Embora Mira soubesse ser veneno, aceitou a taça e bebeu seu conteúdo. Contudo, nada aconteceu. Rana tentou matá-la de várias formas, mas todas suas tentativas foram em vão. Mira, por sua vez, permaneceu em estado de êxtase e não se perturbou em momento algum. Como isso foi possível? Isso foi possível porque ela era destituída de ego. Estava além da mente.

"Para Mira Bai, tudo era seu Giridhar, seu bem-amado Krishna. Ela não tinha desejos, porque não queria nada para si. Nem mesmo lhe importava se Krishna a amava ou não. Tudo o que queria era ser capaz de amá-Lo, sem nada desejar para si. Para Mira Bai, tudo era Krishna. 'Ó Senhor! O Senhor, somente o Senhor!' Ela creditava tudo ao Senhor, e não a si. Seu Senhor, Krishna, fazia tudo por ela, bom ou ruim. O que quer que acontecesse, ela não tinha reclamações. Simplesmente aceitava tudo, vendo tudo como o *prasad* de Krishna. Ao se entregar a Krishna, Mira Bai entregava-se a toda a existência. Para Mira Bai, Krishna não era somente uma personalidade limitada, que ela percebia em uma única forma em particular. Para ela, o universo inteiro era Krishna. Ela havia se tornado una com toda a criação. Ela se unira à energia de Krishna. Não tinha consciência de seu próprio corpo.

"E quando você não tem um corpo, como pode ser morto? Toda a criação está ao seu lado, protegendo-o. Como, então, pode qualquer substância letal envená-lo? Como pode qualquer parte da criação atingi-lo? Ela só poderá tocá-lo se receber sua permissão. Somente se você disser sim, a criação o afetará. Se disser não, muda de curso e se afasta. Quando você atinge o mais alto estado, nada acontece, mesmo que o corpo seja torturado ou destruído, porque você não é o corpo, e sim Ser Superior.

"Todo o universo é o seu corpo. Cada partícula da criação é parte do seu corpo universal. Quando tudo é um, como é possível que a parte fira o todo? Como pode a mão, conscientemente, ferir o olho? Os órgãos podem parecer diferentes e suas funções podem ser diferentes, mas são unas com o corpo.

"Quando você se conscientiza de sua unidade com o Eu Superior, toda a criação se transforma num servo fiel. Você é o Mestre, e tudo na Natureza espera suas ordens. Quando toda a Natureza o apóia plenamente, como qualquer coisa poderá virar-se contra você, a menos que seja seu desejo? A Natureza fará tudo o que você mandar. Se você disser: 'Não, não faça isso', nada acontecerá. Quando você está no estado mental correto, nada pode lhe fazer mal. A Auto-Realização é o estado perfeito de existência."

Isso nos faz lembrar de um incidente da vida da própria Amma. Certa vez, Ela colocou a mão na boca de um cão raivoso. O cão fora um de seus primeiros companheiros, no tempo em que Ela morava ao relento. A Amma amava o cão muitíssimo e quando viu que ele havia sido acorrentado a uma árvore, foi até ele e demonstrou Seu amor abraçando-o e beijando-o. Ela tentou alimentá-lo e, ao fazê-lo, colocou a mão na sua boca. Aqueles que estavam por perto viram o que estava acontecendo e ficaram extremamente chocados, porque a mão da Amma estava coberta com a saliva do animal, altamente infecciosa. Todos ficaram muito preocupados e sugeriram que a Amma tomasse injeção contra raiva, por precaução. Mas a Amma sorriu e respondeu: "Nada vai acontecer. Não se preocupem." E, é claro, nada aconteceu.

A Amma diz: "Quando atinge a liberação, você se torna a Mente cósmica. Todas as mentes são suas. Você controla todas as mentes, não só humanas, mas toda a Mente cósmica. Isso significa que você sustenta os domínios de cada mente individual em suas mãos. Você se transformou em todos. Seus corpos podem ser diferentes, mas você habita dentro de cada corpo. Seu antagonista nada é além de você mesmo, em outro invólucro – como balinhas do mesmo sabor, embrulhadas em papéis diferentes. Os papéis são de cores diferentes - azuis, verdes, vermelhos ou amarelos. Talvez as balinhas pensem: 'Eu sou azul, eu sou verde' e assim por diante. Mas o que existe dentro do invólucro? Os mesmos doces, com o mesmo sabor, feitos com os mesmos ingredientes."

Certa vez, Amma disse: "Todos seus pensamentos e ações passam através da Amma."

Infinitos são os caminhos de um *mahatma*. Somos capazes de ver somente o que percebemos do lado de fora. O *mahatma* permanece um mistério total para nós, um fenômeno desconhecido, que pode ser compreendido somente quando chegamos a conhecer nosso próprio Ser. Damos-nos conta de nossas limitações quando estamos na presença de um *mahatma*, cujas dimensões infinitas, amor e compaixão ilimitados nos auxiliam a nos sentir humildes. Somente então, nos tornamos conscientes de nossa pequenez. Somente os sentimentos de nada ser e de humildade poderão ajudar-nos a alcançar o estado de perfeita plenitude, a experiência de 'Eu sou tudo'.

Capítulo quatro

Algumas choças estavam sendo construídas no *ashram* para os *brahmacharins*. À noite, depois de cantar os *bhajans*, a Amma quis que todos fossem até a praia e carregassem areia para preencher as fundações das novas choças. Assim que isso foi anunciado, todos se dirigiram para a praia com baldes e pás. Com a Amma à frente, logo o grupo chegou lá.

A noite estava escura e fria; o mar, violento. Com um som vibrante e profundo que cortava a noite, ondas gigantescas surgiam da escura expansão de água e quebravam na areia. A visão do vasto oceano na escuridão era inspiradora e criava um sentimento de grande paz interior. Sentia-se que todos estavam mais abertos a profundas experiências interiores.

O *seva* (serviço abnegado) com a areia começou e todos trabalhavam com grande entusiasmo. A Amma também participava ativamente. Às vezes, Ela usava a pá para encher os sacos de areia, outras vezes, Ela carregava o saco de areia nos ombros até o *ashram*. Embora os residentes tentassem impedi-La de trabalhar, a Amma não cedia a seus pedidos. O trabalho (seva) continuou por mais duas horas. Eram onze horas. A Amma sentou-se perto da água, cercada pelos residentes e por alguns devotos chefes de família.

Amma distribuiu salgadinhos de banana frita e café quente para todos os que estavam trabalhando. Um a um, os *brahmacharins* e *brahmacharinis* foram até a Amma receber o lanche. Enquanto distribuía o salgadinho e o café, Amma disse a um *brahmacharin* que *estava* na fila: "Não, você não trabalhou, portanto não receberá nenhum *prasad*. O *prasad* é somente para aqueles que estiveram trabalhando duro nas últimas duas horas."

Quando o *brahmacharin* deixou a fila sem dizer uma palavra, a afeição maternal de Amma transbordou e Ela chamou-o de volta dizendo: "Tudo bem, filho, não fique triste. Carregue pelo menos um saco de areia para o *ashram* e a Amma lhe dará um pouco de *prasad* quando você voltar."

O *brahmacharin* fez o que a Amma pediu. Enquanto carregava o saco para o *ashram*, a Amma disse: "Ele tem que carregar um saco, porque a Amma não quer ser injusta com aqueles que trabalharam com altruísmo. O relaxamento vem após o esforço."

A mente é uma grande mentira

Enquanto todos estavam degustando o *prasad* distribuído pela Amma, um dos *brahmacharins* perguntou: "Amma, ontem, quando explicou sobre *sakshi bhava*, a Senhora disse que a mente é irreal. Eu também li que o mundo é irreal. Qual afirmação está correta?"

Amma: "Filho, ambas as afirmações estão corretas. A mente é uma grande mentira, e o mundo é uma projeção dessa mentira. Ambos são irreais. O mundo existe somente porque a mente existe. A mente é responsável por todos os seus problemas. Ela cria dúvidas e faz você sofrer. Ela causa a sua raiva, ódio e ciúme. Ela o incita a agir sem discernimento e até a fazer o mal. Inevitavelmente, ela o deixa num estado infeliz. A mente é o inferno; é maia (ilusão) e inverdade. Enquanto tiver mente, sua existência será irreal. Somente a eliminação da mente poderá trazê-lo de volta para a verdade e a realidade.

"O ego é um produto da mente. Portanto, o ego também é uma mentira. É irreal. Quando você se livrar da mente e do ego, sua existência será plena e perfeita."

Pergunta: "Amma, a Senhora diz que a mente e o ego são irreais, que o mundo fenomenal é somente uma projeção da mente, que nossa natureza real é o Supremo Atmã ou o Ser Superior. Isso é muito difícil de entender, a menos que o explique de maneira mais clara."

Amma: "Filho, antes de tudo, você precisa saber que isso não pode ser explicado com palavras. Independentemente de quantas provas e exemplos a Amma der, você continuará a fazer as mesmas perguntas, até experimentar por si próprio a verdade. O fato de que a mente e o mundo são irreais é algo que você mesmo terá que realizar. Execute *tapas* (austeridades) e atingirá esse objetivo. "Filhos, saibam que a mente é o maior mistério que existe. Porém, a Consciência Pura, ou o Eu Superior, não é um mistério. Uma vez que conheçam o Eu Superior, perceberão que não é nenhum mistério. É você, sua própria natureza. É o que há de mais próximo de você. A mente o transforma em algo misterioso. A mente é uma complicação, que faz com que tudo seja complicado.

"Você não é a mente. Você é o Ser Superior (Atmã). Você nasce dentro da consciência. Cresce dentro dela. Vive e morre nela. Mas nunca está consciente dessa grande verdade. Por quê? Por causa da mente e do mundo, que é criado pela mente. A mente torna impossível conhecer o Ser. A mente mata, dissipa toda sua energia e vitalidade. A mente é cheia de fraquezas, por isso tente escapar dessa irrealidade. Livre-se dessa grande mentirosa - a mente, o ego.

"Filhos, vocês sempre pedem provas e explicações. Isso é algo que não pode ser provado. É possível dar provas de uma solução científica, e é possível provar as coisas que podem ser percebidas pelos sentidos. Mas o Atmã está além da ciência e de qualquer percepção dos sentidos. As teorias são provadas por métodos científicos, mas o Atmã está além da ciência. Você não pode provar isso empiricamente. Você experimenta essa verdade dentro de si. Considere que é a mente que exige provas. A mente, que é irreal, está exigindo que a realidade seja provada! A própria fonte de dúvidas e de questionamentos é irreal. Todas as suas dúvidas e temores surgem dessa grande mentirosa, a mente.

"Aqui vai um exemplo. Existiu, certa vez, um grande lutador. Ninguém podia derrotá-lo. Era invencível. Ele tinha sido campeão em seu país por vários anos. Sendo o mais forte da nação, naturalmente tornou-se orgulhoso e arrogante. Um dia, um lutador de outra cidade veio desafiá-lo. Ele aceitou o desafio e marcaram uma data para a contenda. Grande publicidade foi feita para divulgar a grande luta que se aproximava. O dia da decisão finalmente chegou, e os lutadores adentraram o estádio. Nosso orgulhoso lutador, o campeão do país, estava muito confiante de sua vitória. Comparado com seu oponente, ele era mais forte, extremamente bem proporcionado e tinha longos anos de experiência. A luta começou. O público gritava e torcia por ambos, assobiando e acenando com as mãos. Alguns incentivavam o campeão, enquanto outros tomavam o partido de seu adversário. A luta continuou por algum tempo. Era difícil saber quem ia ganhar. Finalmente, o visitante derrotou o campeão de forma avassaladora e foi declarado novo campeão. O público gritava: "Vitória ao novo campeão!" e zombava do lutador derrotado. As pessoas insultavam-no e riam dele. Finalmente, ele conseguiu levantar-se do chão e retirou-se, cabisbaixo e envergonhado. Muito tempo depois, ainda escutava o eco dos gritos de escárnio em seus ouvidos. Seu coração estava cheio de ressentimento, e sua mente muito agitada. Nesse momento, ele acordou.

"Sim! Fora somente um sonho! Mas nosso campeão estava extremamente inquieto. Havia perdido sua paz de espírito e andava de um lado para o outro em seu quarto, como um leão enjaulado. Sua mente estava cheia de pensamentos de vingança. Ele estava totalmente identificado com o sonho e tentava, com grande esforço, descobrir um método para derrotar o oponente do sonho. Pensou: 'Ó meu Deus! Perdi tudo! Perdi minha reputação. Como poderei aparecer em público? A partir de agora, ninguém vai me respeitar. Como suportarei todos os insultos? Prefiro morrer a viver assim. Vou me vingar desse estúpido!' Tais pensamentos jorravam de sua mente. Enquanto ardia de preocupação, arrancando os cabelos, o orgulhoso lutador andava de um lado para o outro, como um louco. Quanto mais agitado ficava, mais queria sair daquele estado mental. Por fim, ele acabou sentando e tentou relaxar. Deu certo. Conforme sua mente começou a se acalmar, seus pensamentos gradualmente se aquietaram e logo percebeu o quão estúpido havia sido. Pensou: 'Ó meu Deus! O que aconteceu comigo? Que tolo fui. Era somente um sonho! Nada era real, não passava de uma criação da minha mente. Fiquei apavorado e agitado com algo que nunca aconteceu!'

"Filhos, vejam como o campeão foi completamente enganado por sua própria mente. Ele ficou totalmente identificado com o sonho e pensou que tudo tinha de fato acontecido. De onde vieram o outro lutador e as pessoas que torciam e o insultavam? Quem criou as diferentes técnicas que os lutadores tentaram usar na luta? Quem criou o estádio, a derrota de nosso campeão, sua vergonha, raiva e desejo de vingança? Tudo foi criado pela mente. É claro que não era real, mas, mesmo assim, o lutador acreditava que sim, e reagiu de acordo. Enquanto esteve identificado com o mundo do sonho, criado por sua própria mente, teve que sofrer. Contudo, assim que percebeu que o sonho não era real, foi libertado de sua influência e encontrou paz.

"De forma semelhante, todos nós estamos identificados com um sonho. O lutador estava identificado apenas com um pequeno sonho. Assim que acordou, o mundo onírico desapareceu e, ao relaxar, sua identificação com o sonho também desapareceu. Por outro lado, estamos identificados com um sonho muito mais longo. É um sonho projetado pela mente, com base em nossos pensamentos e experiências passadas. Em nosso atual estágio, acreditamos que o sonho é real. Vivemos em um sonho criado por nossa mente e estamos identificados com ele. O despertar ainda está por vir.

"Vocês me pediram mais explicações. Como isso pode ser esclarecido se vocês ainda estão dormindo? O sonho vai desaparecer quando acordarem. Somente então, tudo ficará claro. Filhos, vocês estão todos dormindo e acreditam que o sonho é real. Nenhuma quantidade de explicações poderá tornar isso claro para vocês. Até vocês despertarem, pelo tempo que estiverem identificados com o sonho, isso permanecerá obscuro. Acordem e entenderão que estiveram apenas sonhando. Depois disso, tudo ficará mais claro do que nunca."

Os dois poderes da mente

"A mente tem dois poderes: o de encobrir e o de projetar. Primeiro, a mente encobre a verdadeira natureza de um fenômeno, depois, faz uma interpretação errada. É por isso que Amma diz que a mente é mentirosa. Ela encobre a verdade e nos faz crer que outra coisa é verdade.

"Um homem caminhava sozinho por uma alameda. Estava ficando escuro e tinha dificuldades para ver o caminho. De repente, algo picou o pé dele. Ele tocou o local e percebeu um pequeno ferimento, que sangrava. Surpreso, ele estacou quando viu uma cobra enroscada ao lado de um arbusto próximo dali. Provavelmente ele tinha sido picado por aquela serpente. O homem, apavorado, gritava a plenos pulmões: 'Socorro! Fui mordido por uma cobra venenosa! Vou morrer! Por favor, alguém me ajude a procurar um médico!' O homem estava histérico e gritou várias vezes. A essa altura, começou a se sentir terrivelmente cansado e sua cabeça girava como se fosse desmaiar. Sentou-se no chão e continuou a chamar por socorro. Em alguns minutos, um homem apareceu carregando uma lamparina.

- 'Qual é o problema? O que aconteceu?' perguntou.

- 'Fui mordido por uma cobra venenosa. Estou morrendo. O senhor poderia me levar até um médico?'

- 'Não se preocupe. Claro que vou ajudá-lo. Mas onde, precisamente, ocorreu o episódio?' perguntou o estranho.

- 'Bem aqui, neste exato local', respondeu o outro. 'Veja ali naqueles arbustos. Tem uma serpente ali!'

O estranho virou sua lamparina na direção indicada e o que viu? Uma vegetação espinhosa, com um pedaço de corda amarrado. O estranho disse:

- 'Dê uma boa olhada! É um arbusto espinhoso. Um espinho deve ter espetado seu pé. Com a falta de luz, você deve ter tomado a corda por uma cobra e achou que tinha sido picado. Mas agora que sabe a verdade, já pode se acalmar!'

Assim que o homem se deu conta da verdade, todos os sintomas de cansaço e tontura desapareceram e ele começou a relaxar. "É assim que a mente prega seus truques. No exemplo acima, a mente primeiro encobriu a realidade da corda e depois projetou a imagem da cobra sobre essa realidade. A cobra representa o seu passado. É isso o que a mente faz constantemente. O Atmã, a única Realidade, está velado, e o mundo da pluralidade é projetado em seu lugar. O Atmã (o Ser) fica encoberto, e nossos pensamentos são projetados sobre Ele. Esse engodo da mente continua infinitamente. Só é possível remover a ilusão quando um Mestre autêntico lhe traz a luz do verdadeiro conhecimento. Aí, então, o despertar real acontece. Enquanto isso, a Verdade permanece obscurecida."

Desperte e você saberá

Após uma pequena pausa, Br. Venu fez outra pergunta: "Amma, o despertar que a Senhora acabou de mencionar e o estado de *sakshi bhava* são a mesma coisa ou são diferentes?"

Amma: "Filho, tanto o despertar quanto o estado de *sakshi bhava* exigem que o indivíduo esteja consciente. São a mesma coisa. A verdadeira espiritualidade implica em uma consciência plena. A maioria das pessoas não está consciente. Vive em um mundo ausente de consciência, aprendeu a viver dessa maneira.

"A criança nasce com uma consciência pura, mas a sociedade a ensina a ser inconsciente. As pessoas que rodeiam a criança -seus pais, irmãos, amigos e a sociedade- ensinam-na a adquirir diferentes hábitos. Elas a educam de determinada forma, com determinada religião, cultura, idioma, alimentação, educação e hábitos. Tudo à sua volta a condiciona. Ela fica completamente nublada e é levada a esquecer sua verdadeira natureza. Tudo lhe é ensinado, exceto como simplesmente residir em sua verdadeira natureza. Por isso, ao crescer, a criança vai se tornando inconsciente, confundida com todo o condicionamento que lhe é imposto. A criança perde sua pureza e inocência e nunca aprende a ser tranqüila.

"A fim de ser consciente, é necessário ser tranqüilo. Se você não aprender a quebrar os grilhões da mente, não poderá relaxar. Os antigos santos e sábios mostraram, através do exemplo de suas vidas, a técnica através da qual se dissolvem a mente, os pensamentos e todos os grilhões que criam."

Venu interrompeu a conversa, entusiasmado: "Amma, por que ir tão longe? A Senhora mesma nos está mostrando o caminho certo."

Sem dar atenção ao comentário, a Amma continuou:

"Vocês podem se lançar ao aprendizado de qualquer assunto, mas ao mesmo tempo, aprendam essa técnica de estar plenamente consciente sob todas as circunstâncias. Quando aprenderem essa arte, estarão sempre conscientes. Testemunharão tudo que acontecer à sua volta, sem se envolver.

"Suponha que brote uma raiva dentro de vocês. Saibam que ela está lá. Saibam que o pensamento de raiva nasceu dentro de vocês. Quando se está consciente e se pode observar com clareza, como é possível se envolver com esse tipo de sentimento?

"A raiva é um desastre. Ninguém entraria conscientemente nesse estado. Ela polui e envenena a todos e a tudo. A ira e todos os outros sentimentos negativos da mente são desastrosos. Eles nascem inconscientemente. Se você estiver consciente, plenamente desperto e sempre vigilante, não terão efeito sobre você. Da mesma forma, quando uma emoção for liberada por sua mente, observe-a de forma consciente. Atualmente, tudo acontece sem o nosso conhecimento. Deixamo-nos levar por nossos pensamentos e emoções como se estivéssemos totalmente imersos em um sono interior.

"*Sakshi bhava* pode ser tanto uma prática quanto um estado permanente. Quando você estiver permanentemente estabelecido nesse estado, ele se tornará espontâneo e completamente natural para você. O testemunho só acontecerá se estiver sempre desperto. O mundo de sonho criado pelo passado não tem lugar nesse estado.

O passado precisa morrer. A mente tem que se dissolver para que *sakshi bhava* aconteça.

"Filhos, sua verdadeira natureza é como o céu, não como as nuvens. Sua natureza é como o oceano, não como as ondas. O céu é a Pura Consciência, assim como o oceano. O céu simplesmente assiste o movimento das nuvens. O oceano meramente observa as ondas. As nuvens não são o céu. As ondas não são o oceano. Nuvens e ondas vêm e vão. O céu e o oceano permanecem sendo o substrato da existência das nuvens e das ondas. Elas não têm existência própria. São irreais e estão em constante mudança. Assim como o céu e o oceano, a testemunha é o substrato. Tudo acontece dentro desse supremo estado de testemunho, mas a Testemunha permanece inalterada. A Testemunha simplesmente é, pura e intocada.

"De maneira semelhante, a mente e seus pensamentos vêm e vão. São irreais e temporários. São como as efêmeras nuvens e ondas. Não podem tocar sua consciência. Abaixo da superfície, sua consciência permanece pura e intocada. Essa Pura Consciência, sempre atenta a tudo o que acontece, é a Testemunha de tudo, a *sakshi*.

"Estar estabelecido em *sakshi bhava* significa estar sempre consciente. A menos que a pessoa esteja bem desperta, em consciência perfeita, *sakshi bhava* não poderá ocorrer."

Um dos visitantes disse: "O *Lalita Asthottara* (108 nomes da Divina Mãe) fala que Devi é a Testemunha dos três estados da mente: *jagrat* (o estado desperto), *swapna* (o estado de sonho) e *sushupthi* (sono profundo). *Jagrat swapna sushupthinam – Sakshi bhuttyai namah*." O devoto uniu as mãos e disse: "Ó Amma, nós vemos a Senhora como Lalita Paramesvari, a Suprema *Sakshi*, Testemunha de todos os três estados da mente."

A Amma começou a cantar Uyirayi Oliyayi...

Ó Deusa Uma,
Vida, Luz e Força da Terra,
Onde estás?
Ó Deusa sábia

Que és o vento, o mar e o fogo,
Não tens misericórdia de mim?

Tu és o Verdadeiro Conhecimento Velado
E, em Tua ausência,
Todo o conhecimento do mundo
Escapa;
Renascimentos são repetidos infinitamente
O irreal tornou-se realidade,
E a injustiça cresceu.

O macaco da mente,
Vagueia sem cessar
Segurando o fruto do orgulho em suas mãos.
Por não refletir sobre sua real natureza
Tornou-se alimento
Para o Deus da Morte.

Depois da canção, a Amma ficou profundamente absorta em meditação. Estava sentada totalmente imóvel, imersa em Seu já costumeiro estado de conexão com a Consciência Universal. Ela parecia estar completamente desligada de tudo à Sua volta. A explicação que havia acabado de dar sobre o estado mais alto de consciência tinha, evidentemente, removido o fino véu entre sua natureza real e o mundo externo. Certo dia, Ela disse: "Um fino véu foi criado com o único propósito de se estar aqui neste mundo, inteiramente presente. Entretanto, esse véu pode ser removido sempre que Amma quiser."

Ao sentar na presença da Amma, observando-A, algumas vezes é possível vivenciar Seu aspecto impessoal. Naquele momento em particular, podia-se ter um vislumbre desse supremo estado.

Com o imenso oceano e suas ondas quebrando na areia, iluminada pela Lua, e o céu infinito acima, salpicado de inumeráveis estrelas, a Amma, em Seu estado de espírito exaltado, parecia um mistério impenetrável. A atmosfera inteira estava permeada com uma energia espiritual tangível, um sentido único de profundidade que criava um sentimento extraordinário de paz. Foi um momento de pura bem-aventurança. Quase quinze minutos se passaram. Embora um sopro de vento frio chegasse do oceano, ninguém se moveu um milímetro.

Era quase meia-noite. Houve um pequeno movimento no corpo da Amma e, após alguns segundos, Ela retomou Sua consciência externa. Todos logo perceberam seu movimento. Alguns pescadores saíram de suas choupanas para ver o que estava acontecendo àquela hora da noite. Alguns se uniram ao grupo.

Apego é doença

Logo, a Amma voltou a falar: "Os seres humanos têm dois grandes problemas: Um deles surge quando a pessoa não consegue o que deseja. O outro, curiosamente, surge quando a pessoa consegue o que deseja."

Pergunta: "Amma, isso parece estranho! Como um problema pode surgir quando a pessoa consegue o que quer?"

Amma: "Filho, é simples. Basta que os desejos sejam realizados, para que se crie uma cadeia de problemas em decorrência do apego àquilo que se conquistou. Tendo conseguido o objeto de desejo, o próximo passo será protegê-lo. Com isso, a possessividade aumenta.

Conquistando ou não o objeto de desejo, a mente se torna muito turbulenta. Em sua luta para proteger aquilo que conquistou, a pessoa perde a paz de espírito. O verdadeiro problema, então, será o apego, que é causado pela mente. O apego é uma doença. Apego demais pode até levar uma pessoa à loucura.

"A pessoa não pode ser apegada a alguma coisa e estar em paz ao mesmo tempo. Muito apego gera tensão na mente e isso, certamente, causa dor. Quando se está muito apegado a qualquer coisa, a excitação e a ansiedade nascidas desse estado aceleram a atividade mental e intensificam o caos da mente. A pressão que se cria é tal que a mente se torna incontrolável. Você não sabe qual direção seguir e perde toda a clareza mental. Sua mente fica como uma floresta depois de um furacão. Até então, você conseguia, em certa medida, manter a perspectiva das coisas que aconteciam em sua vida. Mas quando a pressão do apego atinge um ápice, a carga fica muito pesada e você não sabe o que fazer ou como enfrentá-la.

"Você perde a orientação na vida e, sentindo-se totalmente sozinho e desapontado, torna-se vítima fácil da mente. Fica afogado por pensamentos, que o sobrepujam e devoram-no por completo, enquanto continua identificado com a mente e suas emoções negativas. Com essa derrocada emocional, você é empurrado para os reinos mais obscuros da mente, podendo até enlouquecer. Isso é o que os nossos apegos podem fazer conosco.

"A Amma vai lhes contar uma história que Ela ouviu. Um homem foi visitar um hospício onde trabalhava um médico amigo seu. O médico o levou para conhecer o hospital e seus pacientes. Um homem estava sentado em uma cadeira, dentro de uma cela, balançando-se para frente e para trás, repetindo sem parar: 'Pumpum, Pumpum, Pumpum...' O médico comentou: 'Pumpum era sua amada. Ela o deixou e fugiu com outro homem. Foi por isso que perdeu a razão.' O visitante deu um suspiro e continuou visitando os outros pacientes. Ao se aproximarem de outra cela, o visitante ficou surpreso em ver outro homem sentado, batendo com a cabeça na parede e repetindo o mesmo nome: 'Pumpum, Pumpum, Pumpum...' O visitante perguntou ao médico: 'O que é isso? Pumpum tem algo a ver com esse homem também?' O médico respondeu: 'Sim, esse é o homem com quem Pumpum se casou.'"

Houve uma risada geral, quando a Amma terminou de contar a história. Na quietude da noite as risadas soaram como uma explosão. As gargalhadas, lentamente, diminuíram e se mesclaram ao ruído do oceano. Por volta da meia-noite e meia, a Amma levantou-se e, seguida de Seus filhos, retornou ao *ashram*.

A noite havia sido maravilhosa. Eventos inesquecíveis como esses criam uma impressão profunda no coração dos discípulos.

São momentos inestimáveis, que fornecem rico alimento para os momentos de contemplação. Viver com um Mestre Verdadeiro em pessoa é uma bênção rara - a mais rara e mais preciosa bênção que um ser humano pode receber. Essas experiências, mais tarde, criam no discípulo infinitas ondas de amor intenso e ardor espiritual, que o levam a mergulhar fundo em sua própria consciência e, conseqüentemente, alçar vôo nas alturas da bem-aventurança. Realmente abençoados são aqueles que se associam com um grande Mestre como a Amma.

Quando a Amma diz: "Não se preocupe..."

Um devoto estava dizendo: "Quando a Amma diz: 'Não se preocupe', não existe razão para se preocupar porque, de uma maneira ou de outra, as coisas vão se resolver."

Essa é a experiência de muitos devotos. O devoto que fez o comentário viera com toda sua família ver a Amma e receber Suas bênçãos. Tinha um motivo especial para fazer tal afirmação.

Um ano e meio antes, sua filha havia se casado com um excelente jovem, e o casal começara uma vida feliz juntos. Alguns meses depois do casamento, para grande surpresa da família, a moça foi diagnosticada com câncer no útero. Ela estava grávida de cinco meses. Os médicos disseram que se tratava de um caso extremamente complicado. Havia um tumor no útero que se acreditava ser maligno e que precisava ser removido, através de intervenção cirúrgica. Os médicos estavam pessimistas com relação ao resultado da operação. Eles não acreditavam que o bebê sobreviveria e achavam que as chances de sobrevivência da mãe eram muito pequenas. Chegaram a dizer aos pais da jovem mulher que somente Deus poderia salvar a jovem e seu bebê. Os pais, apreensivos, foram até a Amma, sua única fonte de esperança. Eles falaram da doença que ameaçava a vida de sua filha e pediram Sua bênção. A família toda era muito devotada à

Amma, desde seu primeiro encontro, em 1981. Sempre que tinha problemas, recorria à Amma em busca de Sua graça e orientação.

Amma ouviu seu problema e, tendo expressado Sua profunda compaixão para com a jovem, disse-lhes: "Não se preocupem. A Amma vai tomar conta de sua filha e do bebê." Eles tinham completa fé na Amma e, quando Ela disse isso, não se preocuparam mais, apesar de quatro meses, a moça ainda precisar de cirurgia. A fé deles na Amma provou-se 100% correta. A cirurgia foi executada, o bebê foi removido do útero e, para a surpresa dos médicos, tanto a mãe quanto o filho sobreviveram. Os cirurgiões removeram um tumor de um quilo e oitocentos gramas de seu ventre. Apesar de os médicos esperarem mais complicações, elas não ocorreram em momento algum. Tudo funcionou perfeitamente. Tanto a mãe quanto o bebê estavam em perfeito estado de saúde.

Quando a Amma desceu, vinda de Seu quarto, a família esperava ansiosamente para receber Seu *darshan* e correu até Ela. Eles se prostraram diante dela e colocaram o bebê recém-nascido aos Seus pés. Com lágrimas de gratidão, a jovem mãe disse para a Amma: "Amma, ele nasceu somente por Sua Graça." A Amma pegou o bebê e, acomodando-o em Seus braços e acalentando-o, disse: "Veja quanto trabalho você deu para sua mãe, só para que ela pudesse dar-lhe à luz!"

A Amma sentou-se ao pé da escada e logo foi rodeada pelos residentes do *ashram*. O bebê ficou olhando para a Amma, fixando seu olhar intensamente nela. Ele era muito moreno e, por isso, a Amma chamou-o de "Karumba" (O negro). A Amma continuou: "Filho, você é moreno como a Amma. Não quer ser claro como sua mãe?" O bebê, de repente, começou a chorar. A Amma disse: "Parece que ele não gostou que a Amma o chamasse de Karumba."

O avô do bebê, que estava explodindo de emoção, não pôde mais se conter e disse: "Não! Não! Ele ficou muito feliz. Ficou satisfeito quando ouviu que era tão escuro quanto a Senhora, Amma. Mas ele não gostou quando a Senhora perguntou se queria ser claro como a mãe dele. Ele está protestando! É por isso que chora!"

Todos apreciaram o comentário e riram em confraternização. A Amma também riu, enquanto devolvia o bebê para sua mãe.

A necessidade de tapas

Amma virou-se para os residentes sentados a Sua volta e disse: "É necessário muito *tapas* (austeridades) para que qualquer nascimento ocorra. Tome, por exemplo, o nascimento de uma criança: A mãe, literalmente, pratica *tapas* durante sua gravidez. Ela tem que ser muito cuidadosa com tudo o que faz, desde como se movimenta e age e até como se deita. Ela não pode comer certos alimentos e não pode se cansar com demasiado trabalho físico. Talvez tenha que evitar certas situações que lhe deixem nervosa ou preocupada, pois não seria bom para ela preocupar-se com as coisas ou ficar ansiosa. A criança só será saudável se a mãe seguir as orientações do médico. Se cometer algum erro, poderá prejudicar o bebê. Ela pensa constantemente na criança que traz em seu ventre. Não esquece o bebê nem por um momento, e sua consciência fica intensamente concentrada nisso.

"Devemos ter o mesmo compromisso com o nascimento espiritual que está para acontecer conosco. Esse compromisso é conhecido como *tapas*.

"Para que qualquer coisa nasça, seja, por exemplo, uma nação, uma instituição ou um negócio, é preciso muito *tapas*. Somente através de *tapas* poder-se-á alcançar o topo, em qualquer área de trabalho escolhida. Não importa qual. Se a pessoa for um aspirante espiritual ou se apenas tiver objetivos predominantemente materiais, a fim de se tornar um mestre em sua área, é absolutamente necessário praticar *tapas*.

"Buscar a realização espiritual significa morrer e nascer de novo. O ego tem que morrer. Somente então o verdadeiro Ser poderá nascer. Como em qualquer processo de nascimento, você terá que se submeter ao *tapas*; intenso *tapas*. De certa forma, é inevitável. É a dor que se tem que suportar para se conquistar qualquer coisa. A fim de alcançar a meta espiritual, uma quantidade máxima de *tapas* se faz necessária. A diferença entre a meta espiritual e as outras aspirações reside apenas no grau de intensidade. A realização espiritual é o tipo mais elevado de felicidade que se pode alcançar. Portanto, o preço que se tem que pagar por ela é muito alto.

"É apenas uma questão de bom senso. A felicidade que conseguimos no mundo exterior é passageira. Nunca permanece muito tempo. Em um momento, está lá; no outro, não está mais. Mas o êxtase espiritual não é assim. Quando o despertar finalmente acontece, ou seja, quando a pessoa transcende as limitações do corpo, mente e intelecto, quando alcança esse estado, não existe retorno. A bem-aventurança é para sempre. É inesgotável. Entretanto, para que aconteça, você terá que pagar o preço. Não basta pagar com apenas uma parcela sua, é preciso dar tudo. Toda sua vida tem que ser entregue.

"Para uma pessoa conquistar qualquer bem material, subir na carreira ou se tornar famosa, ela precisa sacrificar muitas coisas. Para conseguir se formar e ter qualificações, ela precisa estudar e fazer treinamentos. Muitas pessoas sacrificam os prazeres da vida familiar para ter um negócio mais lucrativo. Muito tempo e energia têm que ser canalizados para esses objetivos. Quanto mais felicidade a pessoa deseja, mais esforço será necessário e mais terá que pagar.

"Não importa o quanto cresça materialmente, a dor e a tensão permanecem com a pessoa. Nunca terminam. Por outro lado, na espiritualidade, no momento em que a pessoa atinge o mais alto grau, toda dor e tensão desaparecem. A pessoa se torna completamente independente e tranqüila.

"Se por outro lado, a pessoa deseja permanecer em sua própria aldeia, se está satisfeita com seu trabalho modesto e aprecia o prazer de estar com sua família, está tudo bem. Será menos extenuante e consumirá muito menos do seu tempo e energia. O *tapas* e a dor que sofrerá serão relativamente menores. Mas se for muito ambiciosa e quiser ganhar mais dinheiro, acreditando que isso a fará mais feliz, então, terá que executar muito mais *tapas*. Se desejar tornar-se médica ou cientista em um país estrangeiro, por exemplo, como nos Estados Unidos da América, então, a intensidade de *tapas* (compromisso) e de dor necessária será muito grande.

"Portanto, se o indivíduo quiser ser o mais feliz do mundo, a única maneira de conseguir o mais alto grau de felicidade será levando uma vida espiritual, praticando *tapas*. Trata-se de simples lógica. Para ser dono de apenas algumas coisas, tais como uma casa, um carro ou um pedaço de terra, você terá que pagar um preço alto, de muito sacrifício. A conquista da espiritualidade, porém, é como se tornar dono de todo o universo. Ele passa a ser sua propriedade, seu servo, e você, seu mestre. Dá para imaginar quanto *tapas* a pessoa terá que praticar para chegar a possuir o universo, para ser próspera assim, para se tornar Mestre do Universo e ser feliz por toda a eternidade?

"Sim, filhos, é um novo nascimento. Para tornar-se verdadeiramente espiritual, precisará nascer de novo. Somente se morrer, o Você verdadeiro nascerá.

"Conforme a casca externa da semente morre, o broto emerge. Gradualmente, ele cresce e se transforma em uma árvore frondosa, com frutas e flores em abundância. Da mesma forma, a casca mais externa - o corpo e o ego - deve morrer, para que possamos crescer e nos tornar o Atmã (o Ser superior).

"Assim como uma mãe aceita suportar a dor para dar luz a uma criança, um verdadeiro *sadhaka* (aspirante espiritual) deve estar disposto a suportar a dor de *tapas*, cheio de perseverança e imensa consciência, de maneira que possa brotar como uma divina, bela e perfumosa flor. O broto se abre para que a flor possa desabrochar. Ao se abrir, alguma dor é sentida. No atual estágio, seu coração é como um broto. Para que se abra, a dor e o calor de *tapas* serão inevitáveis. *Tapas*, literalmente, significa calor. Somente o calor produzido por *tapas*, a dor e o anseio criados por ele, podem queimar a mente junto com seus pensamentos, suas *vasanas* (tendências) e o ego. O processo de abertura é doloroso, mas quando ocorre, a beleza e o encanto da divina flor do coração são indescritíveis e eternos."

Seja inocente como um principiante

Pergunta: "Qual a melhor forma para essa abertura acontecer?"

Amma: "Filho, será que você consegue manter-se como um principiante para sempre? Se você puder manter a inocência de um principiante, essa é a melhor forma para que essa abertura aconteça."

Um *brahmacharin* exclamou: "Principiante! O que a Senhora quer dizer com isso, Amma?"

Amma: "Sim filho, somente quando você tem consciência de sua ignorância, pode manter a atitude de principiante. Um principiante sabe que é ignorante, portanto ouve com atenção; é aberto e receptivo. Quando a pessoa acha que já sabe, não ouve mais, apenas fala. Sua mente e intelecto ficam cheios. Deixa de ser um iniciante. Passa a ser alguém que detém conhecimento. Na realidade, porém, essa pessoa é mais ignorante do que as outras, porque está completamente fechada. Ela perdeu sua capacidade de estar aberta e receptiva. Pode ser estudiosa, mas não tem conhecimento realmente. Saber verdadeiramente é diferente de ser um erudito. Você precisa estar aberto a fim de saber. Precisa ser um inocente principiante.

"O principiante é capaz de se prostrar humildemente e, por causa disso, o verdadeiro conhecimento flui através dele. O erudito está repleto de informações, tende a ser egoísta e não consegue se prostrar e ser humilde. O verdadeiro conhecimento não pode penetrá-lo, não há espaço para isso e então derrama para fora.

"Amma tem uma história para lhes contar: Um *mahatma* (grande alma) vivia no meio da floresta. Um dia, uma pessoa muito culta foi visitá-lo. O estudioso estava com muita pressa e disse ao *mahatma*: 'Reverendo Senhor, poderia me falar algo sobre meditação?' O *mahatma* sorriu-lhe e disse: 'Por que tanta pressa? Sente-se, relaxe e tome uma xícara de chá, depois conversamos. Temos tempo suficiente.' Mas o estudioso estava muito inquieto e insatisfeito. Ele disse: 'Por que não podemos conversar agora? Diga-me algo sobre meditação!' O *mahatma*, porém, insistiu para que o homem se sentasse, relaxasse e tomasse uma xícara de chá, antes de conversarem.

Finalmente, o camarada teve que se render ao *mahatma* e sentou-se. Sendo um típico erudito, não conseguiu relaxar. Ele continuava a falar mentalmente. O *mahatma* não se perturbou e continuou no seu próprio ritmo; preparou o chá e voltou, encontrando o visitante esperando-o impacientemente. O *mahatma* deu-lhe uma xícara e um pires e, em seguida, começou a despejar ali o *chá*. A xícara encheu e começou a transbordar, mas o *mahatma* não parou. O homem gritou: 'O que está fazendo? A xícara está cheia! Chega!' Mas o *mahatma* continuou servindo o chá, que transbordou para o pires e começou a pingar no chão. O estudioso gritou o mais alto que pôde: 'O senhor está cego?! Não vê que a xícara está cheia e que não pode conter mais nenhuma gota?' O *mahatma* sorriu e parou de servir. 'Você está certo', disse ele. 'A xícara está cheia e não pode conter mais nenhuma gota. Então, você sabe que, quando o copo está cheio, não pode receber mais nada. Portanto, como poderá você, que está cheio até o topo com informações, ouvir-me quando falar sobre meditação? É impossível. Então, primeiro esvazie sua mente, e depois falarei com você. A meditação é uma vivência, não pode ser explicada verbalmente. A meditação só acontece quando você se livra da mente e de seus pensamentos.'"

A Amma continuou: "Eruditos ou intelectuais só sabem falar; não sabem ouvir. Ouvir é possível somente quando se está vazio por dentro. Somente aquele que tem a atitude 'sou um principiante, sou um ignorante', pode ouvir com fé e amor. Os outros não sabem ouvir.

"Se você observar dois eruditos conversando, verá que nenhum ouve o que o outro diz. Talvez um faça silêncio enquanto o outro discursa. Não é que esteja prestando atenção, não é isso que está de fato ocorrendo. Eles não conseguem fazê-lo. Enquanto um fala, o outro talvez não esteja falando externamente, mas dentro dele está formando suas próprias idéias e interpretações. Cada um está esperando que o outro acabe para poder falar, e não há nenhuma conexão entre o que um diz para o outro. Um estará falando sobre A e outro sobre Z. Nenhum deles é bom ouvinte. Só sabem falar."

Como ouvir

"Se você quiser ser um bom discípulo, precisa tornar-se um bom ouvinte; um ouvinte imbuído de fé e amor. Deverá ter sempre a atitude de principiante, para que possa ouvir de maneira apropriada. Tal ouvinte será completamente aberto e inocente, como uma criança."

Pergunta: "Amma, acho que estou ouvindo quando a Senhora fala. Não acho que esteja falando comigo mesmo, ou estou?"

Amma: "Filho, a Amma não está dizendo que você não escuta. Você escuta, só que parcialmente. Escuta com a mente dividindo sua atenção, ao invés de mantê-la concentrada.

"Por exemplo, observe as pessoas assistindo um jogo de críquete ou de futebol. Você perceberá que, algumas vezes, esquecem de si mesmas. Quando seu jogador favorito chuta a bola, elas também fazem movimentos engraçados com as mãos ou pés. Algumas vezes, têm expressões estranhas em seus rostos. Estão participando com seus corpos, mas não esquecem de si mesmas completamente. Ainda estão ali, envolvidas no jogo, mas apenas parcialmente.

"Quando um grande músico está tocando, os ouvintes participam, balançando a cabeça e batendo palmas. Mas essa participação é apenas parcial, trata-se de uma participação emocional apenas. Todo o seu ser não está envolvido no processo.

"Quando você escuta uma música, está presente. No entanto, na participação de fato, você está ausente. Você se desliga de si mesmo. Todo o seu ser, cada célula de seu corpo se abre, e você recebe tudo, sem perder uma só gota. Quando você se embebe do objeto de seus pensamentos ou de sua meditação, torna-se um com ele. Nesse tipo de participação, você está totalmente ausente. É como se o jogador estivesse ausente, somente o jogo existisse. O cantor está ausente, somente a canção existe.

"Quando Mira Bai dançava e cantava, todo seu ser participava. Quando as *gopis* de Vrindavan ansiavam por Krishna, todo seu ser participava. Elas esqueciam de si mesmas e tornavam-se identificadas com Krishna.

"Sua capacidade de ouvir só é total quando todo o seu ser está participando. Somente então, o verdadeiro conhecimento flui para dentro de você. Quando você aprende a escutar o Mestre com todo o seu ser, aí você está ausente. Você não pode estar presente nesse tipo de participação. Você se identifica com o seu Mestre, com sua consciência infinita, e se torna o todo.

"Certa vez, o Senhor Krishna e Arjuna saíram para passear. Tiveram uma conversa longa e agradável. Em dado momento, Krishna disse para Arjuna: 'Você diz que acredita que eu seja uma encarnação de Deus. Então venha comigo, pois tenho algo para lhe mostrar.' Caminharam lado a lado pelos pastos. Depois de algum tempo, Krishna parou e apontou para uma videira e disse: 'O que você vê?' Arjuna replicou: 'Eu vejo uma enorme videira, carregada de cachos de uvas maduras.' O Senhor respondeu: 'Está errado Arjuna. Aquilo não é uma videira e aquelas não são uvas. Olhe mais de perto.' Arjuna olhou novamente para a videira e ficou surpreso ao notar que não havia videira alguma. Havia somente o Senhor. E não havia cachos de uvas, somente incontáveis formas de Krishna penduradas na forma de Krishna.

"Quando você participa totalmente, torna-se o todo. Fica identificado com todo o universo. Um novo mundo se abre diante de você, e você se torna permanentemente estabelecido nesse estado."

Os três tipos de estudantes

"As escrituras falam de três tipos de alunos. O melhor e mais competente ouve seu Mestre com todo seu ser. Se o Mestre diz: 'você é Brâman', imediatamente ele realiza Brâman, a Realidade Absoluta. Como isso acontece? Acontece porque ele ouve plenamente; seu ser participa inteiro daquela audição. Ele escuta com uma fé indivisa e amor incondicional. Tal aluno tem que ter uma sede insaciável de saber. Ele bebe as palavras de seu Mestre. Melhor, ele bebe diretamente do Mestre, com todo seu ser. A frase: 'Você é Brâman' vai direto ao seu coração e ele a realiza.

"Tal discípulo mantém a atitude de principiante, de um inocente iniciante. Pode ter estudado todas as escrituras, mas continua um aprendiz, inocente como uma criança. É extremamente humilde e, portanto, o verdadeiro conhecimento flui para dentro dele. O mais profundo conhecimento está disponível somente quando você aprende a participar com todo o seu ser, somente quando você aprende a arte de se prostrar perante toda a criação, em total humildade.

"O segundo tipo de discípulo ouve, mas somente parcialmente. Leva muito mais tempo para realizar a verdade. Ele ouve, mas só emocionalmente, não escuta totalmente. Sua audição está dividida, sua fé e amor também. O Mestre, portanto, tem que ser muito paciente com ele, de forma que o discípulo possa aprender a ouvir plenamente. Este ainda não conhece a arte de esquecer tudo e participar com todo o seu ser. O verdadeiro conhecimento pode penetrá-lo somente quando ouve seu Mestre com tal intensidade que esquece de si mesmo. A mente, sempre vacilante, cheia de dúvidas, não permitirá que ele seja um inocente principiante, e que o conhecimento flua para dentro dele. Algumas vezes ele consegue manter essa atitude, mas logo a mente volta a controlá-lo. A receptividade vem e vai. A mente não o deixa permanecer muito tempo nesse estado. Ela não deveria interferir de maneira alguma. Não deveria fazer qualquer pergunta. Só assim é possível ouvir plenamente, quando a mente pára de interferir. Até então o discípulo ouve só parcialmente. Um verdadeiro Mestre, que é paciente e cheio de compaixão, ajudará esse discípulo a alcançar a meta final.

"O terceiro tipo de discípulo é aquele que se concentra no intelecto. Ele é muito falante interiormente, e sua mente contém tanta informação que ele não consegue ouvir, de modo algum. Tal discípulo será muito egocêntrico, com uma atitude predominante de 'eu' e 'meu'. O Mestre tem que esperar com paciência infinita, até trazê-lo para a luz. A habilidade do discípulo de ouvir é extremamente pobre, porque ele não sabe ser um inocente aprendiz. Não consegue se prostrar e ser humilde e, portanto, o verdadeiro conhecimento não fluirá para dentro dele. Mesmo que o Mestre repita constantemente: 'Você é Deus. Você é Deus... Você é *Brâman*, o Absoluto', o discípulo estará constantemente questionando: 'Como assim? Por quê? Quando?' *ad infinitum*, porque seu intelecto está abarrotado com suas próprias idéias e das escrituras. O Mestre precisa de uma paciência tremenda para levar esse tipo de discípulo ao caminho correto. Apenas uma arma divina poderá produzir alguma abertura em tal discípulo. Um verdadeiro Mestre acabará usando a arma divina do verdadeiro conhecimento para rachar o ego do discípulo. Ele esvaziará seu intelecto, fazendo-o sentir a pesada carga de seu limitado conhecimento. Depois, o Mestre encherá o coração do discípulo com o verdadeiro conhecimento e com a luz e o amor de Deus. Esse é um trabalho tremendo, que só pode ser executado por um Mestre verdadeiro."

A Amma é um exemplo vivo de alguém que faz tudo com plenitude. Todo o Seu ser participa quando está dando *darshan*, quando está falando e cantando *bhajans* e quando trabalha com todos no *ashram*. A Amma participa total e completamente no que quer que faça. Enquanto recebe Seus filhos durante o *darshan*, a Amma doa-se toda para eles e esquece-se de Si mesma. Ela não se preocupa com seu corpo ou com seu conforto físico. Fica completamente disponível para Seus devotos, oferecendo-lhes Seu ser total, participando de seus sofrimentos e alegrias, de seus sucessos e fracassos. Fica plenamente presente, sem qualquer indício de ego ou de julgamento.

Em tudo o que a Amma faz, seu ser participa por inteiro. A Amma vive totalmente no presente. Vemos apenas Sua forma externa, mas Ela não está ali. Existe apenas o Puro Ser. Sua presença e participação são totais, e isso é profundamente inspirador. A Amma não consegue fazer nada com parte de Seu coração. Só consegue participar em Sua plenitude. É essa plenitude que faz da presença da Amma uma experiência tão maravilhosa e inesquecível na vida das pessoas. E é essa plenitude que acrescenta magnetismo e beleza especiais a tudo o que faz. Torna-se uma meditação. O sorriso da

Amma, Sua forma de andar, Sua voz, Seu olhar, Seu toque, todos os detalhes são tão perfeitos porque Ela é *purnam*. Ela é o Todo.

Capítulo cinco

Amma foi passar alguns dias em Calcutá. Era Sua primeira visita à região. Ficou hospedada na casa de um devoto. O *darshan* matinal também ocorria naquela casa. Diariamente, havia um fluxo constante de devotos que vinham receber o *darshan* da Amma.

A Amma estava sentada sobre uma cama em Seu quarto, que era bem grande, e recebia os devotos, um a um. O quarto da Amma ficava no primeiro andar do prédio e havia uma longa fila de pessoas em pé, fora do recinto, pacientemente esperando sua vez. A fila de pessoas se alongava por todo o caminho de degraus e continuava pelo térreo, até a rua. Dentro do quarto da Amma, algumas pessoas estavam sentadas em profunda meditação, enquanto outras simplesmente olhavam para a Amma, maravilhadas. Os *brahmacharins* cantavam *bhajans*. Um músico profissional expressou o desejo de cantar uma música a respeito da Amma, para a qual ele havia feito uma melodia, *Paravasamannen Hridayam*...

Minha mente está profundamente atormentada
Por inúmeros pensamentos perturbadores.
Ó Amma, não tardes mais!
Toma conta deste desventurado.

Saibas que estou desesperado,
Caindo nas profundezas do oceano.
Ó Amma, conhecida por nós
Através das eras,
Não virás
Para dar alívio a meus olhos que choram?

Minha mente está confusa
Com todas as suas ondas desafortunadas.
Estou lutando nesse oceano de fogo

Sem alcançar as praias
Sem ver
Teus Pés de Lótus.

Uma visão da Amma como Parashakti

Quando a canção acabou, uma mulher que estava recebendo o *darshan* da Amma, de repente, se levantou e começou a dançar e cantar enquanto recitava o mantra *"Aum Parashaktyai Namah"*. A mulher levantou as mãos acima da cabeça com as palmas unidas. Seus olhos estavam fechados e lágrimas escorriam por seu rosto. Ela parecia estar em êxtase, com a serenidade e alegria daqueles que estão completamente absortos em meditação.

Em seu estado de bem-aventurança, a mulher exclamava, "Hoje, realmente fui abençoada! Ao tocar seus pés sagrados, fui abençoada e purificada. Hoje eu vi *Parashakti*[2]. Oh Amma, por favor, não me deixe!"

Alguns devotos tentaram carregá-la para fora do quarto. Contudo a Amma interrompeu-os e disse: "Não, não, está tudo bem! Ela está em êxtase. Não a toquem! Deixem-na cantar e dançar!" Tendo recebido as instruções da Amma, os devotos desistiram da idéia de afastar a mulher, e ela continuou a dançar e cantar por algum tempo, naquele mesmo estado de bem-aventurança.

Mais tarde a senhora contou sua experiência:

"Enquanto eu estava esperando de pé em frente à Amma, Ela olhava para mim e sorria de forma tão amorosa. Aquele sorriso foi como um choque elétrico cheio de bênção e todos os meus cabelos se eriçaram. Senti como se estivesse perdendo toda consciência corporal e caí em completa prostração diante da Amma. Chamei e rezei: 'Ó Amma, grande encantadora, protege-me! Ó Amma, protege-me! Ó *Parvati*, consorte sagrada do senhor *Shiva*, dá-me refúgio!' Com amor e afeição infinitos, a Amma segurou-me, aproximou-me dela e

---

[2] A Energia Suprema ou a Divina Mãe.

colocou minha cabeça em Seu colo. Então, levantando minha cabeça de Seu colo, aplicou pasta de sândalo entre minhas sobrancelhas. Esse toque divino foi outra experiência de supremo êxtase. Meus olhos se abriram. Foi como uma experiência no espaço sideral. Eu estava completamente imersa em um sentimento divino, sua presença tão forte e tangível, senti como se estivesse flutuando no ar, flutuando em um sentimento de completa plenitude. Mas o que eu tinha diante de meus olhos era algo inacreditável. Não era um sonho ou ilusão – era tão real e claro quanto o que vejo agora."

A mulher estava muito emocionada. Ela não conseguia mais falar, pois suas palavras se engasgavam na garganta. Seus olhos se encheram de lágrimas, e ela pareceu ficar extática. O ouvinte, ansioso para saber o final da narrativa, disse-lhe: "Por gentileza, conte a visão que teve. O que a senhora viu?"

A senhora, de alguma forma, conseguiu controlar suas emoções e respondeu: "Eu vi a bela e encantadora forma da Devi bem na frente de meus olhos, em todo Seu esplendor e glória, sentada na postura de lótus, com todas Suas armas. Palavras não conseguirão nem começar a descrever a experiência maravilhosa que tive. Meu coração ficou intoxicado com bem-aventurança. Havia somente bem-aventurança, bem-aventurança, bem-aventurança - Eu afundava em suprema bem-aventurança." Enquanto falava sobre sua experiência, a senhora parecia estar ainda mergulhada em êxtase.

Os quatro dias de visita a Calcutá foram inesquecíveis. Um fluxo interminável de devotos vinha buscar as bênçãos da Amma. O *darshan* matinal, que começava as nove e trinta, acabava por volta das quatro e meia, todas as tardes. A maioria dos eventos vespertinos ocorria em diferentes locais públicos. Pessoas de todo tipo vinham conhecer a Amma: crianças, idosos, *sannyasins*, intelectuais, estudantes, advogados, operários, políticos e jornalistas. Durante o *darshan* da manhã, não havia um centímetro de espaço livre.

A forma como a Amma dá o *darshan* aos devotos é indescritível. Da mesma maneira que alguém vê sua forma num espelho, as pessoas vêem sua verdadeira natureza, seu próprio Eu, na Amma.

Elas sentem que o propósito de suas vidas foi preenchido. A Amma satisfaz seus desejos, pois sabe o que cada um quer e tem uma fonte inesgotável de Seu infinito Ser.

A religião é a responsável pelos conflitos dos dias atuais?

Um jornalista veio ver a Amma durante Sua visita a Calcutá e teve com Ela a seguinte conversa:

Pergunta: "Amma, a religião e a espiritualidade deveriam guiar as pessoas no caminho certo e dar-lhes paz de espírito. Pessoas religiosas e espirituais deveriam agir como catalisadoras para trazer harmonia e integridade para a sociedade, não é mesmo? Mas parece que são elas que mais criam confusão, conflito e falta de integridade na sociedade. A senhora tem alguma explicação para isso?"

Amma: "Filho, o problema não reside na religião ou na espiritualidade. Ele mora dentro da mente humana. Os princípios essenciais de todas as religiões ensinam amor, paz e harmonia. Os mestres espirituais nunca pregaram egoísmo nem encorajaram as pessoas a brigarem umas com as outras.

"Os conflitos e problemas atuais, que existem em nome da religião, são conseqüência da falta de compreensão dos princípios religiosos.

"Nesta época moderna, as pessoas vivem mais com suas mentes do que com seus corações. A mente confunde. É a morada do egoísmo e da maldade. A mente é o trono de todas as dúvidas, e o intelecto é o trono do ego. Quando você reside mais na mente e no ego, se preocupa somente com dinheiro, fama e poder. Você não se preocupa com os outros, só pensa em si mesmo e no seu status. Não existem sentimentos em seu coração. O intelecto faz você pensar: 'Eu, somente eu.' A mente o manterá ocupado com todo tipo de dúvidas, suspeitas e apegos. Sem qualquer fé, amor ou compaixão, cria-se um inferno interior.

"Os intelectuais interpretam, as pessoas acreditam nessas interpretações distorcidas e, então, brigam. Isso é o que está acontecendo em nossa sociedade. Em toda religião existem intelectuais e existem mentes que lhes dão ouvidos. Os intelectuais interpretam os ensinamentos das escrituras e dos mestres das religiões, e as pessoas desavisadas se tornam presa fácil para suas definições da verdade e acabam se desentendendo. Os intelectuais transformam-se em líderes e conselheiros reverenciados. Seus seguidores os idealizam e os adoram como se fossem Deus. De fato, Deus foi completamente esquecido. A verdade e os princípios essenciais da religião foram totalmente esquecidos. O próprio propósito da religião e das práticas religiosas está sendo negligenciado.

"Infelizmente, a maioria das religiões é guiada por intelectuais. Só o coração pode guiar uma pessoa, mas o coração foi esquecido. Somente um verdadeiro Mestre, habitando dentro do coração, pode lançar luz no caminho da religião. Somente tal indivíduo poderá unir as pessoas; somente ele poderá fazer as pessoas entenderem a importância real da religião e dos princípios religiosos.

"Ninguém que tenha algum conhecimento real da verdadeira religião pode responsabilizá-la e aos verdadeiros mestres religiosos pelas calamidades atuais que acontecem em nome da religião. É culpa dos intérpretes intelectuais e não de seus seguidores inocentes. Toda a responsabilidade vai para os pseudolíderes religiosos, os chamados portadores da religião, porque eles estão orientando as pessoas erroneamente. Eles querem impor suas próprias idéias e visões maléficas. Estão cheios de suas próprias idéias e interpretações e querem que as pessoas os ouçam. Seus egos buscam atenção e, por sua ambição por reconhecimento, esses indivíduos extremamente egocêntricos fizeram com que crentes inocentes rezassem para eles – para seus egos.

"Seus inocentes seguidores têm plena fé em suas palavras, em suas falsas interpretações. É claro que o ego é muito mais forte que a mente. A mente é intrinsecamente fraca. O ego tem determinação, enquanto a mente é sempre cheia de dúvidas, insegura e oscilante.

Os intérpretes intelectuais de quase toda religião têm determinação para convencer pessoas. Seus egos enormes e sua determinação podem facilmente superar os seguidores de mente fraca em qualquer religião. E, assim, eles conquistam crentes inocentes, que acabam lutando por eles.

"Tais intelectuais não têm fé, amor ou compaixão. Seu mantra é dinheiro, poder e prestígio. Portanto, não responsabilize a religião, a espiritualidade ou os verdadeiros mestres pelos problemas dos dias de hoje. Nada existe de errado com a espiritualidade e a religião. O problema reside na mente humana."

O jornalista parecia estupefato. Ele ficou em silêncio por alguns instantes, antes de fazer outra pergunta.

Religião e espiritualidade

Pergunta: "Amma, a espiritualidade e a religião são duas coisas distintas ou uma única coisa?"

Amma: "Espiritualidade é o verdadeiro nome da religião. Religião é o externo e espiritualidade é o interno. A religião pode ser comparada com a casca de uma fruta, e a espiritualidade com seu interior – sua essência. A espiritualidade é a verdadeira essência da religião, na verdade elas são uma coisa única. Não é possível diferenciar a religião da espiritualidade. Entretanto, é necessário ter compreensão e discriminação para penetrar além da casca e mergulhar profundamente na verdadeira essência.

"As pessoas erroneamente acreditam que a religião e a espiritualidade são duas entidades separadas. Mas religião e espiritualidade são tão interdependentes quanto o corpo e o espírito. Vistas e avaliadas através da mente e do intelecto (ego), são duas coisas. Vá um pouco mais fundo e verá que são uma coisa só.

"Se a verdadeira religião e os textos religiosos puderem ser comparados com a superfície do oceano, a espiritualidade é como as pérolas e tesouros preciosos que descansam escondidos sob as águas. O verdadeiro tesouro reside profundamente no interior.

"O lado externo da religião, os textos religiosos e as escrituras satisfazem o intelecto. Por outro lado, a espiritualidade, que é o interior da religião, oferece felicidade e paz de espírito verdadeiros, porque acalma a mente. A busca sempre começa pelo exterior, mas culmina no interior da religião. Através do estudo dos Vedas, Upanixades e de outras escrituras, pode-se ganhar certa satisfação intelectual. O ego é alimentado, e a mente continua turbulenta e agitada. Mas isso pode nos levar a lentamente nos voltarmos da religião externa para a interna. Quando a busca no exterior da religião acaba, nos voltamos para o interior, e isso é espiritualidade. O que está fora não poderá nunca nos dar felicidade. Um dia, é preciso voltar-se para dentro, para a verdadeira fonte. A felicidade intelectual não poderá nunca nos tornar verdadeiramente felizes. Você talvez se convença disso por um momento, mas novamente, dúvidas, questões e racionalizações surgirão.

"Imagine que você pegou um coco pela primeira vez e ouviu falar que é um alimento muito saudável e que sua água é um excelente alívio para a sede. Segurando o coco, percebe que sua casca é boa e verde. Você acha que a parte externa é o alimento do coco e começa a mordê-la. Contudo, nada acontece. É tão duro que suas gengivas começam a sangrar, e seus dentes, a doer. Você está a ponto de jogar o coco fora, quando um passante percebe seu dilema. Justamente quando estava a ponto de jogar o coco fora, a pessoa vem e lhe diz: 'Não, não, não o jogue fora! A polpa e a água estão dentro. Abra-o e verá.' E a pessoa vai embora. De alguma forma, você dá um jeito de tirar a casca. Agora, você se depara com um pedaço de fibra marrom e uma outra camada dura. Pensando que as fibras são a polpa, você as mastiga. É mais macio do que a casca externa, mas tem um gosto esquisito. A próxima camada é muito mais dura. Não faz sentido tentar mordê-la. Você cospe fora toda a fibra e está pronto para atirar o coco longe, num último ato de desespero. Nesse instante, outra pessoa aparece. Este homem também esteve assistindo o seu drama.

Ele toma o coco de suas mãos e o abre para você. Você bebe a doce e refrescante água e come a polpa até sentir-se totalmente satisfeito. Afinal, sua sede e fome foram saciadas. "Isso é o que acontece com a religião e a espiritualidade. Você confunde o externo com o interno. Mas o externo é parte do interno; são inseparáveis. O externo é a religião e o interno é a espiritualidade. Isso pode também ser explicado de forma diferente. Assim como o exterior lustroso do coco, o corpo humano parece belo. As pessoas confundem o corpo com o espírito, o Atmã, e sendo fortemente apegadas ao corpo, concentram toda a sua atenção sobre ele. Tem-se que ir além do corpo para conhecer o Ser, sua verdadeira essência. Entretanto, além do corpo existe a mente, muito mais complicada e sutil. Em razão da falta de compreensão, as pessoas também pensam que a mente é o Atmã. Ir além da mente e de seus pensamentos confusos é muito mais difícil. Dentro da mente existe uma casca ainda mais dura, feita de intelecto e ego, com suas noções de 'eu' e 'meu'. Somente quando isso é transcendido, pode-se alcançar o interior, a verdadeira essência. Somente um verdadeiro Mestre poderá guiá-lo para o segredo mais interno da vida. A maioria das pessoas está atrelada ao corpo ou à mente e ao intelecto (ego). Somente quando o indivíduo vai além dessas três camadas, pode alcançar a real felicidade, a essência da verdadeira religião, que é a espiritualidade.

"Assim como a parte externa de um coco, o exterior da religião, com seu esplendor visual, pode ser muito atraente e encantador. Mas você não vai realmente tirar nada dele, pode até ser iludido por ele. Se ficar muito apegado ao externo, apenas criará mais dor e problemas.

"Infelizmente, os seres humanos não têm os olhos apropriados para enxergar a realidade. São muito mais atraídos para o irreal do que para o real, para o exterior do que para o interior. As pessoas são muito apegadas às suas próprias idéias e não querem saber de mais nada. Vivem com sua própria compreensão da religião, que está bem distante da verdadeira religião.

"Filhos, esta é uma história que Amma ouviu: Um grupo de turistas viajava pelo campo, quando seu ônibus quebrou. Os habitantes da localidade lhes ofereceram algum alimento. Contudo, as iguarias nativas pareceram estranhas para eles. Eles até suspeitaram de que a comida estivesse estragada e, embora estivessem famintos, hesitaram em comê-la. Naquele momento, um cachorro apareceu por perto. Os turistas jogaram um bocado da comida para ele, que comeu rapidamente. Eles estudaram o cachorro para ver sua reação. Mas o cão pareceu apreciar a comida e não apresentou nenhum sintoma de mal-estar.

"Na manhã seguinte, eles ficaram sabendo que o animal havia morrido, e entenderam que, afinal de contas, a comida devia estar ruim. Os turistas ficaram chocados. Depois de pouco tempo, muitos deles ficaram seriamente doentes e apresentaram sintomas de intoxicação alimentar. Um médico foi encontrado e informado do ocorrido. Ele começou a fazer perguntas nas imediações onde o cão havia sido encontrado morto, a fim de verificar a causa do óbito. Uma pessoa que morava na área sabia o que havia acontecido com o animal. Ele disse ao doutor: 'Eu joguei o cão numa vala, porque ele havia sido atropelado por um carro.'

"A realidade da religião está bem além do que as pessoas concebem. Os ditos intelectuais de todas as religiões ensinaram às pessoas uma religião que eles mesmos criaram. Uma religião que corresponde às suas próprias idéias, as quais têm pouca relação com a verdadeira religião e seus princípios essenciais. Eles enganam as pessoas fazendo--as seguir somente o aspecto externo da religião e nunca o interno.

"Se a unidade interna das religiões fosse revelada, a importância desses intelectuais seria grandemente minorada, e eles não receberiam mais nenhuma atenção. É por isso que enfatizam somente as diferenças externas. De outra forma, seus egos morreriam de fome, o que seria insuportável para eles. Também, como eles mesmos estão atrelados a seus próprios intelectos, não podem assimilar os princípios reais da espiritualidade. E, se não incorporaram esses princípios, como podem ensinar espiritualidade?

"Quando as pessoas vierem a entender o significado interior da religião, deixarão de seguir os falsos líderes religiosos. Não mais buscarão suas orientações, pois saberão que somente uma pessoa que foi além do ego pode verdadeiramente guiá-las ao verdadeiro objetivo da vida.

"A essência de todas as religiões do mundo é a espiritualidade. Uma religião sem princípios espirituais em sua base é como uma fruta artificial, feita de cera. Tal religião será como um membro artificial, sem qualquer vida ou vitalidade. É como a casca vazia de uma fruta sem polpa.

"A espiritualidade é como o substrato a partir do qual todas as verdadeiras religiões existem. Nenhuma religião pode existir por muito tempo se não tiver princípios espirituais sobre os quais se fundamentar. Tal religião morreria logo.

"É como Brâman, o Absoluto, e o mundo fenomenal. O mundo não pode existir sem Brâman, pois Brâman é o substrato sobre o qual o mundo existe. Mas Brâman existe sem o mundo. De forma semelhante, a religião não pode existir sem a espiritualidade. Mas a espiritualidade existe sem a religião. Pode-se comparar com o corpo e a alma (Atmã). A alma é necessária para que o corpo exista, mas ela existe sem o corpo. A religião e a espiritualidade são essencialmente uma coisa só. Sob a perspectiva correta e com a devida compreensão, elas não são duas coisas separadas."

Capítulo seis

Amma pára de manifestar Krishna Bhava

Em 18 de Outubro de 1983, a Amma anunciou que ia parar de dar *darshan* em estado de *Krishna Bhava*. Essa decisão provocou muita dor nos corações dos devotos de Krishna. A Amma, é claro, tinha Suas próprias razões para parar. Ela disse: "Amma fica em um estado completamente desapegado durante o *Krishna Bhava*. Nesse estado, Amma não sente nenhuma compaixão, nem sente nenhuma falta de compaixão. Tudo é simplesmente um jogo da consciência. Amma não se sente tocada ou afetada por nada. Contudo, durante o *Devi Bhava* não é assim. Nessa hora, Ela é a Mãe que se importa profundamente com Seus filhos. Amma não sente nada além de amor e compaixão durante o *Devi Bhava*."

Amma revelou muitas vezes que Ela é tanto a Mãe externa quanto a interna. A Mãe externa aparece como a Mãe amorosa e cheia de compaixão, que se importa profundamente com seus filhos. Contudo, a Mãe interior está além de tais sentimentos – como o espaço infinito. Ela diz: "Se a Amma quiser, Ela pode ficar nesse estado, completamente desapegada, sem ser afetada, mas isso não ajudaria muito a mitigar o sofrimento e elevar a sociedade. Essa é a razão pela qual a Amma escolhe o aspecto da Mãe repleta de amor e compaixão."

A decisão da Amma de parar o *Krishna Bhava* logo se espalhou entre os residentes e devotos. Foi uma notícia estarrecedora para muitos deles. Embora sentissem Sua divindade tanto nas manifestações divinas quanto nas outras horas, os devotos eram muito apegados aos *Bhavas* de Krishna e de Devi.

No princípio, a Amma era muito brincalhona e travessa durante o *Krishna Bhava*. Ela se comportava exatamente como Krishna, para imenso prazer de seus devotos.

Para um *mahatma*, o mundo é uma brincadeira maravilhosa. Ele é totalmente desapegado e não se afeta pela natureza diversa e contraditória do mundo.

Por que deve haver essa brincadeira? Como o Senhor é o único regente em toda a criação, as pessoas talvez se perguntem, afinal de contas, qual é o propósito dessa brincadeira divina (*lila*)?

Certa vez, Amma disse: "A brincadeira do Senhor Supremo foi criada somente pela diversão. Ele é o Supremo Governador e a Realidade onisciente, mas o jogo só pode ser uma brincadeira sem essa autoridade, quando a autoridade é esquecida. No momento em que você exerce sua autoridade, você sai da brincadeira, e ela deixa de ser *lila*.

"Outra forma de interpretar isso é que o mundo parece real somente por causa de nosso apego a ele. Apego ao mundo faz com que ele pareça real, enquanto que desapego faz dele uma maravilhosa brincadeira. Quando deixa de se apegar, você se dá conta de que tudo é somente um jogo e, então, pode entrar na brincadeira."

A Amma contou uma história para ilustrar esse ponto.

"Um pequeno príncipe estava brincando com algumas crianças nos jardins do castelo. Estavam brincando de pique-esconde. O príncipe procurava seus amigos e estava completamente envolvido no jogo, divertindo-se imensamente. Ele não conseguia encontrar ninguém e corria de cá para lá, tentando encontrar os outros. Um adulto encontrou-o e disse: 'Por que está tendo tanta dificuldade em encontrar seus amigos? Eles viriam até você imediatamente, bastaria que exercesse seu comando real e os chamasse.' O príncipe olhou com compaixão para o adulto, como se este estivesse doente, e disse: 'Mas dessa forma, não haveria jogo e nem haveria diversão!'

"Durante o *Krishna Bhava,* a Amma fica totalmente desapegada. Nesse estado de desprendimento, tudo é brincadeira. Nenhuma autoridade é exercida durante o *Krishna Bhava,* por outro lado, durante o *Devi Bhava*, Amma usa Sua autoridade e Sua onipotência para proteger Seus filhos."

Esse humor brincalhão da Amma durante o *Krishna Bhava* criou um apego imenso das pessoas ao evento, embora Ela estivesse surpreendentemente desapegada nesse estado.

Um dos momentos mais apreciados do *Krishna Bhava* era quando a Amma dava *prasad* aos devotos, deixando que bebessem *panchamritam*[3] diretamente das palmas de Suas mãos. Algumas vezes, quando o devoto abria a boca para receber o *prasad*, a Amma, travessa, tirava a mão. Ela fazia isso freqüentemente com algumas pessoas, especialmente com os devotos de Krishna.

Algumas vezes, sem ser informada, a Amma sabia que um devoto cometera um erro. Então, como Krishna, Ela brincava de atar as mãos do devoto. A pessoa podia ter, por exemplo, brigado com a esposa ou desobedecido as palavras ou instruções da Amma. O devoto, às vezes, não comentava o assunto, mas a Amma o pegava quando vinha para o *darshan*.

Certa vez, um jovem, depois de conhecer a Amma, parou de fumar. Contudo, um dia, enquanto estava na companhia de amigos fumantes, o devoto sentiu-se tentado. O impulso tornou-se tão forte que ele deu um único trago. Ficou tão atormentado em sua consciência, que se absteve de fazê-lo novamente. Durante o *Krishna Bhava* seguinte, quando o jovem veio para o *darshan*, a Amma olhou para ele com um ar travesso. Ela levantou os dedos indicador e médio imitando uma pessoa segurando um cigarro e levou o cigarro imaginário aos lábios. O rapaz ficou envergonhado e fez um voto na frente da Amma, prometendo que nunca mais fumaria.

Em outra ocasião, a Amma cobriu com um pedaço de pano os lábios de sua avó paterna, Acchamma, porque ela estava falando muito. Outra vez, Ela vendou os olhos de um devoto e o mandou dar a volta no templo três vezes, porque estivera assistindo filmes demais.

Havia um senhor de idade, que era muito inocente, com quem Amma, como Krishna, costumava fazer travessuras. Ele era ardente

---

[3] Doce oferecido durante a adoração, feito de leite, bananas, manteiga clarificada, açúcar mascavo, açúcar cristalizado e mel.

devoto de Sri Krishna, e sua fé na Amma era inabalável. A Amma adorava pregar peças nesse inocente senhor. Ele tinha por volta de setenta anos, e sua vista era tão fraca que não conseguia ver nada sem seus óculos. Sempre que ele vinha para o *darshan*, a Amma tirava seus óculos e ele ria muito até que Amma os devolvesse. Quando recolocava os óculos, aproximava-se da Amma para receber Sua benção. Mas, de repente, a Amma pegava seus óculos novamente. Havia ocasiões em que Ela fazia isso várias vezes, e o inocente senhor simplesmente caía na gargalhada. Em dado momento, ele dizia: "Ó Krishna, o que é isso? Como posso vê-Lo sem meus óculos?" Depois dizia: "Está bem, pode ficar com eles. Pode tirar esses óculos externos e nublar minha visão tanto quanto quiser, mas nunca escapará de meu olho da mente ou do coração. Está aprisionado ali para sempre."

Algumas vezes, durante o *Krishna Bhava*, quando a Amma dava *panchamritam* ao senhor idoso, Ela não parava. Ele nunca dizia que já bastava e continuava aceitando tudo. A Amma, às vezes, dava-lhe de comer com muita rapidez, sem dar-lhe sequer tempo suficiente para engolir. Quando a Amma como Krishna via que ele se cansando, ria docemente. Mas aquilo tinha que parar alguma hora e, quando a Amma finalmente parava de alimentá-lo, ele protestava, inocentemente: "Por que parou? Eu gosto muito disso. Quero mais! Dê-me tudo!" Outras vezes, ele dizia: "Ó Krishna, Eu amo a doçura de Sua mão, mais do que a doçura de qualquer *panchamritam*. É por isso que não posso dizer não quando me alimenta. Doces são Suas mãos, Ó Senhor."

Existe uma canção em sânscrito, *Adharam Madhuram (Madhurashthakam)*, glorificando Krishna, que aquele devoto costumava cantar quando vinha para o *darshan*:

Teus lábios são doces
Tua face é doce
Teus olhos são doces
e Teu sorriso é doce
Teu coração é doce

e doce é a forma como caminhas
Ó Senhor de Mathura
Todo Teu ser é absolutamente doce.

Tuas palavras são doces
E tuas histórias são doces;
Também doces são as roupas que usas
Cada movimento Teu é doce;
Ó Senhor de Vrindavan
Todo Teu ser é absolutamente doce.
Tua flauta é tão doce
Tuas mãos são doces
e doce é a poeira de Teus pés
Tuas pernas são doces
A forma como danças é doce
Tua amizade é doce
Ó Senhor de Mathura
Todo Teu ser é absolutamente doce.

Ao final de cada *Krishna Bhava*, enquanto a Amma dançava em êxtase, os *brahmacharins* e os devotos costumavam cantar os seguintes *bhajans*: *Krishna Krishna Radhe Krishna, Govinda Gopala Venu Krishna, Mohana Krishna Manamohana Krishna, Murare Krishna Mukunda Krishna, Radhe Govinda Gopi* e *Shyama Sundara*.

A manifestação divina da Amma como Krishna era absolutamente doce e encantadora. Ao final do *Krishna Bhava*, Ela vinha para a entrada do templo, onde ficava em pé por um longo tempo, olhando para os devotos e sorrindo para eles. Enquanto isso, os *brahmacharins* cantavam *bhajans* para Krishna, num ritmo rápido e fervoroso. A Amma, então, vagarosamente ia do templo para a varanda, elevava as mãos bem alto, em divinos mudras (gestos), e começava a dançar.

Essa dança gloriosa, extática, que era sempre executada de forma suave e meditativa, evocava um grande amor e devoção naqueles que a testemunhavam. Ela os transportava de volta a Vrindavan, onde o Senhor Krishna costumava brincar com as *gopis* e *gopas*. Exatamente o mesmo ambiente e as mesmas vibrações eram criadas pela Amma, aqui, nessa pequena aldeia de pescadores, para o bem dos devotos. Os devotos eram muito apegados ao *Krishna Bhava* da Amma, porque foi a primeira Manifestação Divina que a Amma apresentou. Os devotos tiveram dificuldades em concordar com a interrupção do *Krishna Bhava,* pois levavam tantas lembranças do evento. Eles sofriam muito e notava-se a agonia em seus olhos e atitudes.

Em todo lugar no *ashram,* se ouvia as pessoas falando sobre suas experiências durante o *Krishna Bhava*. O inocente senhor idoso mencionado acima tinha muitas histórias maravilhosas para contar. Ele sempre se lembrava como o *Krishna Bhava* começou e quando a Amma costumava dar o *darshan* na beira da praia. Ele falava sobre todas as dificuldades que tiveram que superar no princípio.

Os devotos estavam tão tristes que, nos dias de *Bhava darshan,* a maioria caía em prantos, primeiro nos ombros de Krishna, durante o *Krishna Bhava*[4,] e depois no colo da Devi. Eles oravam à Amma para que não interrompesse o *Krishna Bhava*. Por isso, Ela finalmente concordou em aparecer como Krishna uma vez por mês. Em razão de Sua infinita compaixão pelos devotos, Ela não conseguiu deixar de atender suas orações tão facilmente. Contudo, eventualmente, a Amma acabou parando as manifestações de *Krishna Bhava*. Entretanto, isso só aconteceu quando Seus devotos já haviam conquistado compreensão espiritual para entenderem que a Amma é sempre a mesma, em *Krishna Bhava* ou *Devi Bhava*. A dimensão maior de Sua natureza infinita estava sendo lentamente revelada aos devotos.

Um devoto que era muito apegado ao *Krishna Bhava*, estava contando ao Br. Balu sobre uma de suas experiências: "Todas as tardes eu coloco um copo de leite morno em frente à fotografia da Amma em *Krishna Bhava*. Um dia, minha esposa e eu estávamos

---

[4] A Amma sempre ficava em pé durante o Krishna Bhava, com um pé sobre um pequeno pitham (tamborete).

com tanta pressa para ir ao *Bhava darshan* que não tivemos tempo de esfriar o leite após a fervura. Era hora de o ônibus sair para Vallickavu, então eu coloquei o leite fervente em frente à foto, na sala do altar da família, e corri para o ponto de ônibus. O *Krishna Bhava* já havia começado quando chegamos ao *ashram*. Minha mulher e eu fomos até a Amma, que estava manifestando Krishna. Como uma pequena e travessa criança, Krishna olhou para nós e exclamou, sorrindo: 'Veja! Queimei os lábios ao tomar aquele leite quente!' Acredite: Havia uma marca de queimadura nos lábios da Amma!" Enquanto contava essa recordação, lágrimas corriam pelo rosto do devoto. Sua voz ficou embargada e ele não conseguia mais falar, pela extrema emoção que o dominava.

Assim, uma situação semelhante à partida de Krishna de Vrindavan estava agora acontecendo no *ashram* da Amma. Mas, como diz a Amma: "Algumas vezes isto é Krishna, outras vezes isto é Devi. Tanto Krishna quanto Devi estão sempre aqui dentro dessa garota maluca." Existe um profundo ensinamento subjacente a essa afirmação. Já que a Amma, que em realidade é tanto Krishna quanto Devi, está vivendo aqui entre nós, qual seria a razão para preocupação? As diferentes formas e aspectos da Amma não são entidades diferentes e isoladas. São manifestações da mesma Realidade Universal. E aquela Realidade Suprema única, que é a Amma, de onde todas as formas emergem, está aqui para nos proteger e guiar. Portanto, não há sentido em preocupar-se.

O desespero e a profunda sensação de perda vivenciada pelos devotos não durou muito, porque sua ligação com a Amma era muito mais sublime do que qualquer outra consideração. Acima de tudo, a própria Amma revelava a todos que Ela é una com todos esses diferentes aspectos do Divino e que poderia manifestar qualquer um deles por Sua simples vontade, a qualquer hora. Um exemplo disso ocorreu poucos meses depois que a Amma começou a dar *darshan* no estado de *Krishna Bhava* somente uma vez por mês. Amma, Nealu, Balu, Venu e Gayatri estavam sentados na choupana de Nealu. A Amma e Nealu estavam conversando, quando Nealu, de repente, disse: "Amma, a Senhora é tudo para mim. É Krishna, Devi e todos os outros aspectos do divino. Sei que a Senhora é Krishna e também Radha e Devi. É verdadeiramente a corporificação de Brâman, mas eu, algumas vezes, ainda tenho uma imensa vontade de vê-La em *Krishna Bhava*."

A Amma olhou para Nealu com um sorriso matreiro e perguntou-lhe: "Nealumon (Nealu, meu filho), você realmente quer ver a Amma em *Krishna Bhava*?"

"Sim, muitíssimo!" replicou Nealu. Sem qualquer palavra, a Amma segurou o xale de algodão dele e o atou em torno de Sua cabeça. Virando-se para Nealu, Ela disse: "Olhe!" Todos ficaram atônitos ao constatar que a Amma estava sentada ali, com as mesmas expressões que manifestava durante o *Krishna Bhava*. Tudo era igual: a forma como fazia *mudras* sagrados com as mãos e todas as expressões faciais – os olhos brilhantes e a forma de sorrir[5]. Os *brahmacharins* e Gayatri espontaneamente prostraram-se diante dela. Mas a Divina Revelação só durou alguns segundos, e a Amma retomou sua conversação com Nealu.

Br. Pai queria tirar uma fotografia da Amma em certa postura, que ele apreciava muito. Ele tinha algumas fotografias da Amma, inclusive como Devi e Krishna. É claro que gostava de todas, mas havia certa imagem da Amma, sobre a qual ele meditava, que não havia sido fotografada. A imagem era da Amma sentada em postura de meditação sobre o *pitham* de *Devi Bhava*, mas vestindo Sua roupa branca e com o cabelo preso, sem a coroa. Ele também queria que a Amma fizesse o clássico *abhaya mudra*, de proteção e bênção[6]. Mas como poderia pedir a Amma para se sentar em determinada posição, a fim de tirar uma fotografia? Ele não abriu seu coração a ninguém a esse respeito.

[5] Durante o Krishna Bhava, a Amma costumava sorrir com um movimento de curvatura peculiar nos Seus lábios, que era muito encantador.

[6] Neste mudra, as duas mãos estão abertas, viradas para fora com os dedos juntos. A mão direita fica na altura do ombro e a esquerda aponta para baixo na direção do quadril.

Um dia, Br. Pai não conseguia mais agüentar essa situação. Estava muito triste por causa disso e chorou longamente. De repente, a Amma veio até ele. Ela sorriu e disse: "Filho, Amma sabe do seu desejo. Não se preocupe, Amma irá satisfazê-lo." Ela pediu ao *brahmacharin* que a seguisse e entrou no templo. Sentou-se no *pitham* de *Devi Bhava*, exatamente na posição que Pai visualizara. No momento em que a Amma sentou sobre o *pitham*, Sua expressão mudou. Ela ficou igual à Devi, manifestando todos os divinos sinais que normalmente manifestava durante o *Devi Bhava*. Br. Srikumar tirou a foto, e o sonho de Br. Pai, por tanto tempo acalentado, realizou-se.

A coisa mais importante a lembrar nessa história é o poder da Amma em manifestar tanto Krishna quanto Devi, ou qualquer expressão divina, a qualquer hora. Não é algo restrito a um lugar ou momento. O local e a hora que a Amma escolhe para as manifestações é que se tornam perfeitos.

No início, os poucos *brahmacharins* que moravam no *ashram* costumavam cantar *Sri Lalita Sahasranama*, os mil nomes da Devi, com a Amma sentada em um *pitham* especial para esse propósito. Algumas vezes, no entanto, a Amma preferia sentar no *pitham* do *Devi Bhava*. Havia muitas ocasiões em que a Amma satisfazia o desejo dos *brahmacharins* e até usava o traje de *Devi Bhava*, inclusive a coroa, durante cantos especiais dos mil nomes. Os *brahmacharins* sentavam-se em semicírculo, em frente à Amma e praticavam a adoração, que levava entre 90 minutos e duas horas. O tempo todo, a Amma ficava profundamente absorvida em samádi. Sua aparência então era exatamente a de *Devi Bhava*. Havia ocasiões em que Ela ficava em samádi. até mesmo depois do cântico e das adorações terem terminado.

Inúmeras vezes, a Amma revelava claramente Sua unidade com o Divino ou falava abertamente sobre isso. Essas revelações, junto com profundas experiências, davam aos *brahmacharins* e aos devotos uma visão mais profunda da real natureza dela, o que lhes dava maior maturidade e compreensão espiritual.

O último *darshan* de *Krishna Bhava* foi inesquecível. De um a um, os devotos caíam em prantos nos ombros de Krishna. Naquela noite, cantou-se somente *bhajans* para Krishna. Finalmente, quando estes se esgotaram, os *brahmacharins* escolheram canções sobre a Devi, melancólicas e saudosas, e as converteram em *bhajans* para Krishna. Br. Venu chorou durante todo o *Krishna Bhava*. Impossibilitado de cantar, levantou-se e entrou no templo. A Amma deixou que ele se sentasse ao Seu lado.

Uma das canções que eles cantaram naquela noite dará ao leitor uma idéia da agonia pela qual os devotos estavam passando. Era *Povukayayo Kanna...*

Ó Kanna, estás indo embora?
Fui abandonado
por todos nesse mundo.
Também Tu estarás me deixando?

Ó Kanna,
quero manter-te como uma jóia azul
na câmara de meu coração
e adorar-te ali todos os dias.

Ó Kanna,
deixe-me juntar as pérolas de amor
do fundo do oceano azul
que é a Tua forma.

E quando Tu vieres a mim
disfarçado de linda ave,
o triste pássaro da minha vida
desejará fundir-se a Ti, Ó Kanna.

A manifestação de *Krishna Bhava* semanal acabou naquela noite. Entretanto, como já mencionado, por causa dos devotos, a Amma continuou a aparecer como Krishna, uma vez por mês, até novembro de 1985 quando o último *Krishna Bhava* ocorreu.

Fecharemos este capítulo recordando algumas palavras da Amma: "Os devotos chamam isto de 'Krishna', 'Devi', 'Shiva', 'Amma' ou 'Guru', de acordo com sua fé. Amma não é nada disso e, ao mesmo tempo, é tudo. Todo o universo existe como uma pequena bolha dentro dela."

Capítulo sete

U m devoto que morava quatro quilômetros ao sul do *ashram* convidou a Amma para ir a sua casa, e Ela prometeu que iria.

Certa noite, por volta das dez horas, depois dos *bhajans* vespertinos, a Amma, junto com alguns *brahmacharins* (Balu, Srikumar, Pai, Venu e Rao), Damayantiamma, Harshan, Satish e duas outras senhoras da vizinhança, partiu caminhando pela beira da praia, em direção à casa do devoto. Era uma linda noite. A lua cheia brilhava no céu e, sob a luz do luar, o Mar da Arábia reluzia, e as ondas reverberavam com o sagrado som, 'Aum.' Vez por outra, as nuvens cobriam a Lua por alguns segundos e, repentinamente, tudo ficava escuro. Logo, porém, a face da terra era novamente iluminada pela luz leitosa da lua.

O grupo se movia lentamente em direção sul, com o mar à sua direita. No começo da caminhada, ninguém conversava. Quando já tinham andado aproximadamente meio quilômetro, a Amma, de repente, aproximou-se da beira d'água, onde as ondas lavavam a praia. Ela ficou ali, mirando o horizonte, enquanto as águas do mar acariciavam Seus sagrados pés repetidamente, como se quisessem fazê-lo o maior número de vezes possível, antes que a Amma voltasse a caminhar.

Tão vasto e profundo quanto o oceano

Enquanto a Amma estava ali, em pé, algumas palavras fluíram de Sua boca. Ela disse: "O oceano é tão vasto e largo, mas também é profundo. Você pode ver e experimentar sua vastidão até certo ponto. Por outro lado, sua profundidade fica além de sua visão normal. Para conhecê-la, você precisa mergulhar. Mas, para dar um mergulho profundo, precisa se entregar, ter coragem e uma mente destemida."

A Amma ficou em silêncio, e eles continuaram a andar em direção sul. Durante o percurso, um dos *brahmacharins* fez uma pergunta à Amma: "Amma", ele disse: "o que quis dizer há pouco, quando estava na beira da água?"

A Amma respondeu: "Filhos, vocês podem sentir o amor, a compaixão, o auto-sacrifício e outras qualidades divinas de um *mahatma*. Podem sentir claramente essas qualidades na presença de uma Grande Alma. Poderíamos comparar isso com a vastidão do oceano: Podemos ter uma idéia de sua amplidão, mas não é possível ver tudo. É possível ter um vislumbre, perceber uma parte infinitesimal, mas isso não é nada. Ver o oceano da praia não é nada. No entanto, embora esteja vendo somente um pequenino pedaço dele, isso lhe permite perceber que o oceano é incomensuravelmente vasto.

"O oceano é profundo e vasto. A profundidade é interna, e a vastidão externa. O amor e a compaixão que vivenciamos com um *mahatma* podem ser comparados à vastidão do oceano. O amor e compaixão do *mahatma* são uma manifestação externa que nos dá uma experiência tangível do que está no interior.

"No entanto, como não sabemos ser completamente abertos, como crianças, sentimos apenas parcialmente o amor infinito e compaixão que jorram de um *mahatma*. Só somos capazes de vivenciar uma fração de suas qualidades divinas. Mas o que está dentro, aquela profundidade imensurável, é como a do oceano. Não é visível para nós. Para vivenciar essa profundidade, a pessoa tem que ir além da superfície. A pessoa deve ver além do amor que se manifesta externamente."

Humilde-se e conheça a profundidade

"A forma externa (de um *mahatma*) certamente é bela e espetacular. A associação externa é relativamente fácil, enquanto o contato interno não é tão fácil. Poderíamos comparar isso com nadar e mergulhar. Nadar na superfície do oceano é uma experiência agradável.

Mas mergulhar pode ser experiência bem maior, uma aventura. Ao mergulhar, você entra em um mundo de experiência inteiramente diferente. Você explora reinos desconhecidos e misteriosos do oceano. Isso, no entanto, requer maior esforço do que apenas nadar na superfície. A pessoa tem que prender a respiração e curvar-se diante do oceano, para entrar em suas águas. O nadador assim entrega-se ao oceano. Quando a pessoa se entrega, o oceano lhe revela seus tesouros escondidos. Antes, a pessoa conhecia apenas a bela superfície; nunca pensou que poderia haver áreas bem mais bonitas a ser exploradas. Ao mergulhar cada vez mais fundo, a pessoa descobre que quer ver mais e mais, quer conhecer mais as profundezas. Sente uma sede insaciável por conhecimento. Assim, ela mergulha cada vez mais fundo, até chegar ao solo do mar.

"Da mesma forma, as expressões externas de amor e compaixão de um *mahatma* são extraordinariamente belas. São incomparáveis - não há nada como elas na face da terra. Ainda assim, a beleza de seu Ser interior vai muito além das palavras. Para ver essa beleza recôndita, a beleza de profundezas inimagináveis, a pessoa tem que ir além do corpo do *mahatma*. A pessoa tem que ir além das expressões superficiais de amor e compaixão. Para alcançar aquilo que é inexprimível, a pessoa tem que ir além de todas as formas de expressão. Para poder penetrar a superfície e ir além da forma externa do *mahatma*, a pessoa precisa curvar-se e entregar-se a ele em total humildade. É como dar um mergulho profundo no oceano. Quando você se entregar completamente, o *mahatma* lhe revelará sua natureza interna.

"O amor de um *mahatma* é indescritível. O amor que você vê e experimenta externamente é profundo e intenso, mas essa profundidade e intensidade são apenas uma fração infinitesimal do que realmente é. É infinito. Quando algo é infinito, pode-se falar e escrever sobre o assunto incansavelmente, sem sequer chegar a uma explicação satisfatória, porque aquilo não tem limite. É mais vasto do que o universo.

"Sendo uma personificação do amor e da compaixão, o *mahatma* é tão paciente quanto a terra. Contudo, também pode ser dito que a ira de um *mahatma* tem exatamente a mesma profundidade do amor, da compaixão e da paciência que ele ou ela expressa."

A Amma parou de falar. Eram quase onze horas da noite. Alguns pescadores ainda passeavam pela praia, outros estavam descansando aqui e ali, dormindo na areia. Sob o luar, via-se um grupo de pescadores sentados na praia, conversando e sussurrando. Durante os momentos em que as nuvens cobriam a lua, via-se somente a brasa de seus cigarros[7.] Alguns se aproximavam para olhar de perto o grupo de pessoas que andava na beira do mar àquela hora da noite. Quando reconheciam os rostos familiares, afastavam-se sem nada dizer.

Um dos curiosos era devoto da Amma. Quando descobriu que Ela estava ali com os *brahmacharins*, ficou entusiasmado. "Ó, é a Senhora, Ammachi?", exclamou. "Onde está indo a essa hora da noite?" O homem chamou sua mulher e filhas: "Venham cá! Venham ver quem está aqui!" Sua esposa e três filhas apareceram prontamente. Ficaram todos muito felizes em ver a Amma e os outros e convidaram-nos para sua cabana. De forma polida e amorosa, a Amma declinou do convite dizendo: "Filhos, Amma já está atrasada. Estivemos andando muito devagar, pois falávamos de assuntos espirituais e paramos por um tempo na praia. Amma sente muito. Ela virá em outra ocasião." O homem chamou a atenção da esposa por convidar a Amma de forma tão inapropriada. Ele disse: "O que é isso? É assim que devemos convidar Ammachi para nossa casa? Embora a Amma seja muito simples em Seus hábitos, nós devemos convidá-La da forma tradicional e não como se estivéssemos convidando um amigo ou um vizinho."

A senhora ficou desconcertada e disse num tom defensivo: "Sou de pouca instrução e analfabeta. Não conheço as tradições. Amma sabe disso e, com certeza, vai me perdoar se cometi algum erro."

---

[7] No original, "beedies", cigarros enrolados com folhas.

A Amma virou-se para o homem e disse: "Filho, está tudo bem. Onde há amor verdadeiro, não há necessidade de *acharas* (cerimonial). Seu convite foi inocente. Não existe achara maior do que o amor."

A Amma virou-se para a mulher e lhe deu um abraço, dizendo: "Filha, não se preocupe. Relaxe. Amma vai visitar sua casa quando tiver tempo. Mas hoje Amma não pode."

A Amma também não deixou de expressar Seu amor pelas filhas. Quando o grupo ia partir, o homem chamou: "Amma, posso ir com vocês?"

A Amma lhe respondeu: "Sim, Meu filho, é claro que pode vir." Sem nem mesmo trocar de *dhoti* (vestimenta masculina), ele se uniu ao grupo.

A Amma e o grupo continuaram em seu caminho, acompanhados pelo murmúrio do oceano e por uma fria brisa que soprava do oeste. Enquanto andava, a Amma mirava o mar que brilhava em matizes escuros de azul, sob o luar.

Como o Pralayagni

Enquanto caminhavam, surgiu outra pergunta: "A Senhora disse que a ira de um *mahatma* tem a mesma profundidade que sua paciência, amor e compaixão. O que quis dizer?"

A Amma continuou a olhar para o oceano por algum tempo, antes de responder.

"Filhos, *Pralayagni*, o fogo da dissolução – assim é a ira de um *mahatma*. É tão ameaçadora quanto a dissolução final. Um *mahatma* é um com o infinito, portanto, até mesmo sua ira tem dimensões infinitas. Não dá para imaginar sua intensidade, que tem o poder de destruir todo o mundo. É como soltar inúmeras bombas atômicas ao mesmo tempo. Suas chamas podem consumir todo o globo.

"Quando a Mãe do Universo, a encarnação do amor e da compaixão, que ama e se preocupa com toda a criação, zangou-se, transformou-se em Kali, e Sua ira foi tão ameaçadora quanto Pralayagni, o fogo da dissolução. Todo o universo teria sido transformado em um punhado de cinzas se os seres celestiais não tivessem interferido.

"A Mãe do Universo zangada é uma visão ofuscante – como bilhões de sóis em chamas ao mesmo tempo. Quem poderia suportar tal coisa? Somente alguém desprovido de ego e que tenha se entregado completamente pode agüentar. Somente alguém que tenha transcendido a consciência corpórea pode suportar o poder infinito da ira de Kali. Em outras palavras, somente a consciência em sua forma pura, imóvel, pode suportá-lo. A ira da Mãe do Universo é uma violenta tempestade da consciência, por assim dizer. Só pode ser contrabalançada por uma energia perfeitamente imóvel – essa é a energia de Shiva deitado, prostrado, enquanto Kali extravasa Sua fúria dançando sobre Ele.

"A ira de Kali é *rajas* em seu estado extremo. É a explosão da energia cósmica com todo seu poder e glória. Até mesmo a analogia com a explosão de cem mil bombas atômicas é insuficiente. A explosão dessa energia só pode ser contrabalançada por pura energia *sátvica*, que é Shiva.

"Lembrem-se como Sri Rama tornou-se ameaçador quando o oceano recusou-se a atender Suas preces. A fim de agradar o oceano, para poder construir uma ponte sobre ele, Sri Rama sentou-se na praia e executou severas austeridades, continuamente, por três dias. Ele queria atravessar o oceano para chegar a Lanka, a morada de Ravana. Ravana havia raptado Sita, sua consorte sagrada. Sua intenção era resgatar Sita com a ajuda do exército de macacos, liderado por Hanuman e Sugriva. Mas o oceano não cedia. Continuava a fazer subir gigantescas ondas e ficou mais turbulento do que nunca.

"Sri Rama era o Supremo Senhor em pessoa, o Mestre de toda a criação. Ele não precisava ser humilde perante nenhuma de Suas criaturas e não havia nenhuma necessidade de ser tão humilde diante do oceano. Mas agiu com humildade, porque queria dar um exemplo. Entretanto, o grande épico "Ramayana" conta que, quando Ele fez isso, o oceano ficou orgulhoso e isso enfureceu Sri Rama. Ou seja, o oceano incitou sua ira. Usando Seu grande arco, o Senhor, em Sua forma ameaçadora, levantou-se e disse: "Procurei ser humilde e paciente, obedecendo as leis da natureza. Mas não considere isso uma fraqueza de Minha parte. Com esta única flecha, posso secar suas águas e destruir cada criatura viva em seu interior. Devo fazer isso ou você irá se render?" O oceano cedeu, amansando suas águas.

"Sri Rama foi a personificação da suprema paciência e perdão. Ele perdoou até a Kaikeyyi, Sua madrasta, que havia sido extremamente cruel com Ele. Mas quando ficou zangado, Sua ira foi tão profunda quanto Sua paciência. O "Ramayana" conta que, quando Rama ficou de pé com o arco e flecha em Suas mãos, pronto para atirar no oceano, parecia o Deus da Morte, o fogo da dissolução final."

O mais alto patamar da existência humana

A Amma prosseguiu: "A Auto-Realização é o mais alto patamar da existência humana. É o ponto final da concentração (em um só ponto). Não há ponto além disso. A profundidade e a energia de tal concentração é indescritivelmente penetrante. A alma Auto-Realizada usa esse poder de concentração para penetrar no mistério mais profundo do universo, o mistério de Brâman. Nesse estado supremo de Auto-Realização, ela torna-se uma adepta da concentração e, com sua absoluta concentração, pode dirigir suas energias para onde quiser. Um verdadeiro Mestre nunca usará esse poder para um propósito destrutivo. Ele sempre o usará para o bem do mundo e para o desenvolvimento da sociedade. Mas lembrem-se de que ele também pode usá-lo para dar uma lição à raça humana. Um Mestre Auto-Realizado é uno com a Energia Cósmica, e essa energia é infinita. Ele pode liberá-la, mantê-la cativa ou fazer o que quiser com ela. Ele pode escolher liberar energia negativa ou positiva. No entanto, mesmo que ele a libere de forma aparentemente negativa, será somente para o bem do mundo, para ensinar alguma lição.

"Sendo liberada de forma positiva ou negativa, essa energia terá o efeito pretendido. De qualquer modo, seu poder será infinito, além das palavras. Da mesma maneira que o amor e a compaixão divinos de um *mahatma* estão além das palavras, também está sua ira. Não existe meio para medir a profundidade de um *mahatma*."

As palavras da Amma lembram a canção *Ananta Srishti Vahini*, escrita por um de Seus devotos, a respeito das infinitas manifestações da Amma.

Saudações a Ti
Ó Grande Deusa Divina,
Suporte de toda criação,
Que tens infinitos estados
E estás eternamente
Em Dança Suprema.

Saudações a Ti
Ó Sempre Cintilante
Mãe do eterno êxtase
Que incessantemente quebras o silêncio
Da profunda noite.

Prostro-me diante de Ti
Ó Bhadrakali,
Forma feroz de Devi,
Causa de tudo o que é auspicioso,
Que permeias toda consciência,
Plena de compaixão.

Tu és aquilo que dissolve o indivíduo.
Prostro-me diante de Ti,

Que tens a forma de um triângulo[8]
E três olhos,
Que carregas o tridente,
E usas uma guirlanda de crânios.

Ó Bhairavi,
Tu trazes boa sorte
E habitas os campos de cremação.

Prostro-me diante de Ti,
Ó Chandika,
Sempre crescente
Ameaçadora e fulgurante
Infinitamente forte
Que brandes a espada
Fazendo o som "Jhana, Jhana".

Prostro-me diante de Ti
Ó Deusa Chandika,
Plena de radiância,
Tu és Shankari
E Teu poder é infinito.
És Tu quem concedes o yoga
E a imortalidade.

A Amma e o grupo chegaram à casa do devoto às onze e quinze. A família estava esperando a chegada da Amma ansiosamente, e todos ficaram imensamente felizes em vê-La. Os pais da família receberam a Amma com o tradicional *pada puja* (lavagem dos pés sagrados) e *arati* (oferenda de luz). Depois disso todos se prostraram aos pés da Amma, que expressou Seu amor e afeição de Sua forma costumeira, o que provocou uma genuína alegria entre eles. O filho mais jovem, um garoto que não tinha nem quatro anos, dançava

---

[8] Referência aos triângulos do Sri Chakra Yantra.

alegremente, dizendo em voz alta: "Amma veio! Amma veio a nossa casa!" A Amma chamou o garoto e o encheu de beijos. O menino ficou ainda mais feliz.

A cerimônia começou à meia-noite e terminou às duas da manhã. Depois do *puja,* a Amma foi para fora e sentou-se no jardim, olhando o oceano. O silêncio era profundo, exceto pelo som do oceano, entoando seu hino eterno. A Amma, vestida com Seu *sari* branco, balançava-se gentilmente para frente e para trás, sob o luar.

Enquanto a Amma estava ali sentada, a família e o grupo do *ashram* saíram da casa e sentaram a certa distância, de onde podiam ver a Amma. Ninguém quis sentar-se muito perto dela, pois sabiam que se regalava em Seu próprio mundo solitário.

A Amma compassiva

A jornada de retorno começou às duas e meia da manhã. Não houve muita conversa durante a caminhada de volta, mas Amma cantou alguns *bhajans.*

Quando alcançaram a casa do devoto que os havia acompanhado da praia, ele se adiantou para despedir-se da Amma. Para sua grande surpresa, a Amma virou-se na direção de sua casa e disse: "Amma vai com você." O homem ficou emudecido por um segundo e estacou como uma estátua. Ele quase gritava de emoção quando respondeu: "O quê? A Senhora visitará minha casa?!" Logo, correu a toda velocidade para sua casa. Bateu à porta chamando a esposa e as filhas. Ele estava tão nervoso que não sabia o que fazer. Corria para cá e para lá, na frente da casa, chamando a família várias vezes. Em poucos segundos, sua esposa e filhas despertaram com surpresa. Não entendiam porque ele fazia tamanha algazarra, àquela hora estranha da noite. A mulher fez várias perguntas ao marido de um só fôlego. "O que aconteceu? Por que está gritando dessa forma? Não havia saído com Ammachi?" Um vizinho também acordou com aquela comoção. Ele gritou da varanda de sua casa, "Meus amigos, o que está havendo? Querem que eu vá até aí?"

A essa altura, a Amma já havia chegado ao jardim. A esposa do devoto parou de pé, olhando boquiaberta, ao perceber a Amma sorridente à sua frente. As crianças também ficaram surpresas. A princípio, a mulher não conseguiu falar. Um momento depois, ela caiu em prantos e jogou-se no ombro da Amma. O homem já estava prostrado a Seus pés, chorando como uma criança. A Amma fê-lo ficar de pé e colocou sua cabeça em Seu outro ombro. Sua esposa conseguiu falar entre lágrimas: "Estou sonhando, Ammachi? Ó Deus, que *lila* (brincadeira) é essa? Devia ter-me dito que ia visitar-nos na volta. Eu teria preparado tudo e ficado à espera! Agora, não tem nada em casa. Nem a lamparina está acesa! Ó Amma, por que a Senhora está aprontando essa *lila* conosco?" A mulher chorava incontrolavelmente. A Amma tentou consolá-la, dizendo: "Filha, Amma não é um convidado. Ela é Sua Mãe. Não há nenhuma necessidade de preparativos elaborados para recebê-la. Seu amor por Ela é mais do que suficiente. Não há com o que se preocupar. O que oferecer com suas próprias mãos será ambrosia para a Amma. Não chore!" Mas a inocente mulher não conseguia parar. Finalmente, a Amma tomou a iniciativa e entrou na casa, abraçando a mulher.

Era uma cabana com dois quartos pequenos e uma cozinha diminuta. A Amma foi direto para a cozinha, seguida do dono da casa e as três filhas, enquanto os outros esperavam do lado de fora. A Amma vasculhou toda a cozinha. Olhou dentro dos potes e panelas, mas tudo estava vazio. Enquanto a Amma procurava, a mulher continuava a dizer: "Que tristeza! Não há nada para comer na casa!" Por fim, a Amma achou uma raiz de tapioca esquecida num canto. "Ah! Isso vai ser mais do que suficiente", disse Ela, apanhando-a. A Amma mordiscava a raiz enquanto saía da cozinha.

Por um acaso, Harshan estava carregando uma bolsa com algum alimento trazido da outra casa que haviam visitado. A Amma pegou um pouco daquele alimento e começou a servir a família com Suas próprias mãos. A alegria e gratidão da família não tinham limites.

Com lágrimas em seus olhos, a mulher começou a cantar algumas palavras de um *bhajan*, *Ammayalle Entammayalle*, acompanhada por toda a família.

Não és minha Mãe?
Não és Tu minha querida Mãe
Que enxugas minhas lágrimas?
Ó, Mãe dos quatorze mundos
Criadora do mundo
A tenho chamado sem cessar!
Ó Shakti!
Não virás?

Tu, que amas dar
Tudo o que desejamos,
Que contém
A criação, a preservação e a destruição,
Chamo-Te sem cessar!

Ó Pai e Mãe,
Os cinco diferentes elementos
E toda a Terra,
Chamo-Te sem cessar!

Os Vedas e as escrituras
O Verdadeiro Conhecimento e o Vedanta
O começo, o meio e o fim,
Tudo existe dentro de Ti.
Chamo-Te sem cessar!

Depois de passar mais alguns minutos com a família, a Amma retornou ao *ashram*.

Capítulo oito

Aprenda a superar o tédio

Um devoto visitante, conhecido por sua natureza inquiridora, perguntou à Amma: "Amma, a maioria das pessoas costuma ficar entediada quando faz o mesmo serviço, a mesma coisa todos os dias. Por isso querem mudar de vida. Querem um emprego novo, comprar coisas diferentes, etc. Mas Amma, a Senhora faz a mesma coisa todo santo dia, recebendo pessoas e dando-lhes *darshan*. A Senhora nunca fica entediada com a mesma rotina, repetida sempre?"

Amma: "Filho, o tédio acontece somente com o ser humano; não com Deus. Deus nunca fica entediado. O *mahatma* é o próprio Deus sob a forma humana, e está sempre estabelecido no Brâman Absoluto. Ele vive constantemente uma sensação de esplendor e frescor em sua forma de ver as coisas e em todas as suas ações. Ele é a Consciência Imanente que brilha dentro e através de tudo. Portanto, não consegue ficar entediado.

"Tédio e frieza vêm somente quando você tem o sentido da dualidade, a atitude de 'eu' e 'meu', quando acredita que é uma entidade separada. Se você é tudo, como pode ficar entediado? O sentido de unidade com todo o universo elimina tais sentimentos. Quando se está contente dentro do Si, o tédio automaticamente desaparece.

"Um *mahatma* é como um lago, cheio de água pura e cristalina, com o fundo feito de rocha sólida, do qual flui uma fonte de água ininterrupta. O substrato é firme e imóvel e, ao mesmo tempo, está constantemente produzindo água pura e limpa. A fonte de água é inesgotável, nunca irá secar-se. O lago está eternamente cheio e todos têm permissão para beber dessa água.

"Um *mahatma* sabe que ele é o Atmã imutável e indestrutível ou Brâman, o substrato do universo inteiro, e esse conhecimento o

101

deixa firme e internamente imóvel. Ele é também uma fonte ines-gotável de amor e compaixão.

"Quando a sua existência está fundamentada em puro amor, como você pode ficar entediado? O tédio só aparece quando você não ama. No amor verdadeiro, não existe o sentimento de existência em separado. O amor só flui. Quem quiser mergulhar, será aceito como é. Não existem condições ou pré-requisitos. Se você deseja arriscar um mergulho, será aceito. Se não deseja, o que se pode fazer? A corrente permanece onde está. Nunca diz não. Constantemente diz sim, sim, sim..."

Diga sim para a vida

"Aceitar é dizer 'sim' para tudo. Tudo pode estar dando errado em sua vida, mas mesmo assim, você se vê dizendo 'sim, eu aceito'. O rio diz sim para todos. Toda a Natureza diz sim, exceto os seres huma-nos. Um ser humano pode dizer tanto sim quanto não. Algumas vezes, ele diz sim, mas na maior parte do tempo, ele diz não. Ele não vê a vida como uma dádiva. Ele a vê como um direito adquirido e também considera a felicidade da mesma forma. Quando você per-ceber a vida e tudo o que ela traz como uma dádiva preciosa, estará apto a dizer sim para tudo. Se, por outro lado, você insistir em vê-la como um direito adquirido, então não poderá dizer sim – só poderá dizer não. É aí que tudo dá errado. Se você sempre disser não para a vida, a todas as experiências que a vida lhe traz, você ficará infeliz e entediado. Mas se aprender a sempre dizer sim, se puder ver a vida e cada experiência como um presente e não como algo que sempre esteve ali, um direito adquirido, nunca será vencido pelo tédio.

"Quando você está cheio de amor e compaixão, você não pode dizer não a nada, só pode dizer sim. Amma só pode dizer sim. Ela nunca diz não e, por isso, Ela não fica entediada. 'Sim' é aceitação. Somente quando há aceitação é que não há tédio.

"A palavra 'não' existe somente onde há dualidade. Quando você diz não para a vida, se sente infeliz e descontente. Protesta contra tudo e não consegue ficar feliz consigo mesmo. Sempre se sente insignificante e insatisfeito. Por que isso ocorre? Porque você está sempre desejando. Você quer dinheiro, fama, casa nova, carro novo e por aí vai, uma lista que continua indefinidamente. Portanto, você fica infeliz, entediado, e a vida se transforma em algo sem graça. Você passa a reclamar constantemente e não se satisfaz com nada. Por quê? Porque insiste em constantemente dizer não. Em razão da sua falta de aceitação, fica incapaz de dizer sim para o que quer que a vida lhe ofereça.

"As pessoas estão sempre buscando algo. É por isso que, apesar de toda sua educação e conhecimento, continuam infelizes e sentindo-se inadequadas. Mesmo as pessoas mais abastadas são infelizes. Elas ficam facilmente entediadas e são perseguidas por inúmeros desejos, porque estão insatisfeitas e sentem que ainda têm que se completar.

"A vida é um presente precioso. Mas não usamos nosso discernimento para escolher o que é certo. Escolhemos as coisas erradas e depois acabamos ficando infelizes. Portanto, o problema reside dentro de nós. É nossa atitude incorreta que traz o descontentamento e o tédio. Damos muita importância àquilo que é secundário, enquanto as coisas mais importantes e primárias são completamente ignoradas."

A Amma contou uma história para esclarecer esse ponto:

"Uma pessoa sofria de dois problemas: seus olhos a incomodavam e também tinha problemas digestivos. Ela foi ao médico, que lhe receitou um colírio e um remédio para o estômago. Ela deveria colocar algumas gotas do colírio nos olhos e tomar várias colheres do remédio para indigestão. Mas infelizmente, em seu nervosismo, a paciente confundiu as orientações do médico: Foi para casa, tomou uma dose do colírio e colocou o remédio do estômago nos olhos, o que resultou no agravamento dos dois problemas.

"Da mesma forma, existe grande confusão com relação às nossas vidas. Nós precisamos dar muito mais importância a nossa alma, à realização do Eu Superior, de forma que possamos levar vidas verdadeiramente satisfatórias e abençoadas. E precisamos dar muito menos importância ao corpo. Contudo, fazemos as coisas da maneira inversa; trocamos as embalagens, tomando o remédio errado para a doença errada. Toda a energia, cuidado e atenção que deveríamos direcionar à alma, dedicamos ao corpo, quando nos concentramos em torná-lo o mais belo e confortável possível.

"Contudo, a alma mal recebe uma gota de nossa atenção e é deixada à mercê de seu próprio destino. Em nosso estado de confusão, perdemos nossa perspectiva, o que resulta em pensamentos e ações negativas, que nos fazem sentir entediados e infelizes.

"Quando você está estabelecido no Ser Superior, tem uma inesgotável disposição para a doação. Você não consegue se sentir aborrecido quando quer doar constantemente, quando não quer nada de ninguém em troca. Amma só quer doar. Ela não precisa de nada de ninguém e não espera nada. Amma simplesmente aceita tudo que acontece em Sua vida. É por isso que a Amma nunca se aborrece.

"Somente quando o sentimento de separação desaparece, você pode doar incessantemente. Todo sentimento de dualidade deve desaparecer, o que significa que a mente deve desaparecer. Somente então, você poderá tornar-se um verdadeiro doador, que não precisa ganhar ou receber nada. O tédio apenas vem do sentimento egoísta e egocêntrico. Quando se está centrado no Atmã, quando o seu centro muda do eu inferior (ego) para o Eu Superior (Self), fica-se completamente livre do tédio.

"O amor de Radha por Krishna nunca morreu e o amor de Mira Bai por seu amado Giridhar também não. Nenhuma das duas esperava nada em troca por seu amor. Eram grandes doadoras e nunca ficavam entediadas – viviam contentes em bem-aventurança. Tudo que recebiam, bom ou ruim, era apreciado e aceito de todo o coração. É por isso que ainda vivem no coração das pessoas. Tornaram-se imortais porque se desapegaram de tudo. Você só começa a viver verdadeiramente quando morre para seu ego, para sua mente. Radha e Mira tinham morrido para seus egos. Mira disse: 'Ó, meu Giridhar, tudo bem se não me amares. Mas meu Senhor, nunca tire meu direito de Te amar.' Essa era sua atitude. Radha e Mira eram completamente destituídas de ego. Seu amor era puro, imaculado de ego e de pensamentos egoístas.

"Quando você vive como o ego, obedecendo a sua mente, agindo de acordo com seus gostos e desgostos, não está sendo você, mas sua mente. É uma forma de loucura. É como se você estivesse morto, porque está vivendo apenas como mero corpo e mente, sem ter consciência de sua real existência como Ser Superior. Se você acredita ser o corpo, levará uma vida ilusória. Não é loucura considerar o irreal como real? Enquanto viver na mente, você continuará a se entediar.

"O fardo e o ruído constante de sua mente são pesados para carregar. Tornam-se uma carga enorme, suficiente para sobrecarregar a pessoa. O triste disso é que você, que está carregando o fardo, não tem consciência de seu terrível peso.

"Pensando que o seu aborrecimento é causado pelas situações externas e pelas pessoas, você corre de um lugar para o outro. Você experimenta a maior variedade de coisas possível até que, finalmente, desmorona. Você não gostaria de livrar-se do peso de sua mente, de sentir-se livre e em paz? 'Sim, gostaria', é a resposta da maioria das pessoas. Mas elas não querem se desapegar daquilo a que se sentem ligadas. Acham que vão ficar vulneráveis e inseguras.

"Até mesmo uma pequena criança tem esse sentimento. Se a criança não está com seu pai ou mãe, ela se sente muito insegura. As criancinhas sempre andam segurando a ponta do *sari* da mãe ou um pedaço da camisa do pai. Isso as faz sentir seguras e protegidas. Mas a sensação não dura muito tempo, porque a fonte de segurança muda. Conforme a criança cresce, o sentimento de insegurança também aumenta, e ela descobre que estar com os pais não é a verdadeira segurança. O indivíduo até começa a achar que os pais são um obstáculo à sua liberdade. Logo sente que existe algo ou alguém que pode dar-lhe mais contentamento do que os pais ou sua casa ou a cidade onde vive.

"Descontentamento e tédio andam lado a lado. Você se chateia com seus pais, então se afasta deles. Você se aborrece na sua casa ou cidade, então quer se mudar. Você se cansa de seu carro, então quer um novo. Você se chateia com sua namorada, então procura outra. Em sua busca por satisfação e segurança, constantemente abraça a insegurança. Entretanto, nunca encontra o contentamento. Você apenas continua a se confrontar com sua insegurança e insatisfação.

"Sua mente é quem é insegura. É ela quem cria a chateação e os medos e é a causa de todos os seus problemas. Livre-se da mente, em vez de ficar trocando de objetos e lugares. Livre-se da mente e transformar-se-á em outra pessoa, com uma visão da vida sempre renovada. Enquanto carregar sua mente com você, permanecerá a mesma velha pessoa, imersa nos mesmos medos, insegurança, tédio e insatisfação.

"A verdadeira segurança na vida só pode ser encontrada no Eu Superior (Atmã) ou Deus. A única forma de dissolver seu tédio é entregar-se ao seu Eu Superior, a Deus ou a seu Mestre perfeito. Seja uma testemunha de tudo o que acontece na vida. Você é o eterno *purusha*. Você é *purnam* (perfeição). Você é o Todo e não um indivíduo limitado. Remova todos os seus sentimentos de tristeza, tédio e insatisfação. Seja contente e feliz."

Quando a Amma parou de falar, ninguém sentiu necessidade de dizer nada. A explicação que acabara de dar tinha sido tão bonita e reveladora, que se qualquer um estivesse querendo fazer uma pergunta anteriormente, agora já a havia esquecido. A Amma estava sentada de olhos fechados. Todos espontaneamente fizeram o mesmo e, sentados de olhos cerrados numa atitude contemplativa, absorveram e apreciaram o sentimento espiritual palpável no ambiente. Mais tarde, quando todos começaram a sair de seu estado meditativo, a Amma pediu aos *brahmacharins* que cantassem uma canção, *Sukhamenni Tirayunna.*

Você que está buscando
Felicidade em todo lugar,
Como irá encontrá-la
Sem dissolver sua vaidade?
Até que a compassiva
Mãe do Universo
Brilhe dentro de seu coração,
Como pode ser feliz?

A mente na qual a devoção por Shakti,
O Poder Supremo,
Não está presente,
É como uma flor sem fragrância.
Tal mente será forçada
A vagar em sofrimento,
Como uma folha,
Levada pelas ondas
Do oceano incansável.

Não fique preso nas garras
Da criatura conhecida como destino.
Reverencie o Eu Superior na reclusão.
Pare de esperar os frutos de suas ações.
Adore a forma do Ser Universal
No fundo do seu coração.

Capítulo nove

A Amma incompreensível

Até mesmo quem vive próximo à Amma sempre A considera incompreensível. Depois de vários anos de relacionamento estreito com Ela, o autor pessoalmente sente que existe algo de impenetrável, que Ela está além da compreensão.

O primeiro grupo de *brahmacharins* que veio morar com a Amma sempre se pergunta: "Como é possível entender a Amma? Como poderemos conhecer Seus desejos de forma a agir e serví-La adequadamente?" Algumas vezes, eles tiveram problemas por sua dificuldade em entender a Amma.

Em diversas ocasiões, tiveram uma pequena mostra da natureza impenetrável da Amma. É fácil compreender a natureza de uma pessoa, se nós convivemos muito proximamente com ela por um tempo, algumas semanas ou talvez até meses. Contudo, depois de aproximadamente duas décadas, a Amma permanece uma personalidade completamente desconhecida para os primeiros *brahmacharins* e para todos que chegaram a conhecê-la. Bri. Gayatri, que hoje é conhecida como Swamini Amritaprana e que há duas décadas serve a Amma, uma vez disse a Seu respeito: "Que fenômeno é esse? Até mesmo o infinito pode ser entendido, mas a Amma não!"

Certa vez, Br. Balu estava no quarto da Amma. Bri. Gayatri estava também presente. A Amma estava afetuosa e carinhosa com Balu. Ela conversou com ele por um longo tempo, tirou todas as suas dúvidas e respondeu a todas as suas perguntas. Ela até o alimentou com Suas mãos. Ele estava feliz, sentindo-se pleno e preenchido pelo amor da Amma. Mas, de repente, a Amma se virou e pediu-lhe que saísse do quarto. Não havia nenhum traço de amor em Seu rosto. Ela estava em completo desapego. Balu surpreendeu-se ao ver essa mudança repentina na Amma e ficou totalmente confuso. Primeiro, achou que a Amma estava brincando, mas logo percebeu que era sério. Ele queria perguntar por que, pois não compreendia o que estava acontecendo. Ele queria perguntar, mas não conseguiu, porque as palavras da Amma e o aspecto proibitivo de Seu rosto tinham tanta profundidade e poder que ele não ousou fazê-lo. Essa mudança rápida no humor da Amma foi como se alguém tivesse jogado uma enorme pedra nas tranqüilas e calmas águas de um lago; como se um lindo castelo partisse em pedaços, no momento em que estivesse sendo admirado e apreciado.

Balu permaneceu em silêncio e ficou parado, como uma estátua, no quarto. Ele mal podia se mover quando ouviu a voz da Amma repetir: "Saia! Quero ficar sozinha! Por que demora a sair?" Com o coração pesado e partido, Balu lentamente saiu do quarto. Assim que cruzou a porta, a Amma a fechou com um estrondo. Para Balu, o barulho da porta batendo pareceu um golpe duro e insuportável em seu coração.

Embora tivesse saído do quarto da Amma, Balu não conseguiu se retirar de perto da porta. Sua ligação com a Amma era tão intensa que ele se sentou em frente da porta e chorou como uma criança abandonada.

Balu pensou: "Esse deve ser um verdadeiro teste de minha fé e paciência. É claro que ficamos orgulhosos quando a Amma nos permite ficar junto dela por algum tempo. O ego pensa: 'Devo ser muito especial, de outro modo, por que a Amma permitiria que eu ficasse tão perto Dela por tanto tempo?' É aí que o raio de trovão da Amma cai sobre você. O problema é que a mente nunca pensa: 'Como sou afortunado e abençoado por poder passar tanto tempo na presença da Amma.' A mente e o ego só conseguem pensar de forma negativa, em termos de egoísmo e orgulho. Quando vem um ataque inesperado da Amma, nosso orgulho é despedaçado. Se não existe orgulho, se só existe os sentimentos bons e positivos do quanto somos abençoados e de como a Amma é graciosa, então, não nos sentiremos tristes e chateados. A dor e a tristeza vêm quando a posição do ego é ameaçada. Se eu não ficasse orgulhoso e pensasse que sou especial porque passo muito tempo com a Amma e que tenho direito de estar na Sua presença, então não poderia haver tristeza. Como poderia me sentir triste ou incomodado, se existisse somente humildade?"

Alguns momentos depois, ele ouviu alguém abrir a porta. Ele ergueu os olhos e ficou surpreendido ao ver a Amma de pé, com um largo sorriso no rosto. Seu humor era o mesmo de antes de pedir que saísse. Como se nada tivesse acontecido, Ela agora lhe dizia: "Venha, filho. Mas o que aconteceu com você? Por que estava chorando?" Balu mal podia acreditar. Levou alguns momentos para entender o que estava acontecendo. Enquanto pensava sobre a estranheza daquilo tudo, Balu mais uma vez ouviu a voz da Amma: "Filho, entre. O que aconteceu? Por que chora?" Aquelas palavras foram para o coração de Balu como uma chuva repentina para um pássaro chataka[9]. Toda a dor de seu coração se dissolveu, como o gelo sob o calor escaldante do Sol. Ele foi tão tomado pela compaixão da Amma que caiu em prantos novamente. Ele não conseguiu deixar de questionar a aparente contradição da natureza da Amma. Primeiro, Ela havia sido tão amorosa e afetuosa e, de repente, por nenhuma razão aparente, Ela se tornou completamente desapegada. O que acontecera? Ele simplesmente não conseguia entender. Alguns minutos depois, ele perguntou: "Amma, sinto-me incapaz de entendê-La e agir apropriadamente. Essa é a minha maior tristeza. Como poderei entendê-La?" A Amma sorriu e respondeu: "Para Me entender, você tem que se tornar igual a Mim."

Era o mesmo que Balu tivesse perguntado como poderia entender o infinito. "A menos que você se torne o infinito, não poderá entendê-lo", era a resposta.

Este é somente um pequeno exemplo de inúmeros incidentes similares.

---

[9] Diz-se que o pássaro chataka (Orn. Búcero) bebe somente gotas d'água que caem durante as chuvas. Na ausência de chuva, o pássaro fica sedento e infeliz.

A doença da Amma

Certa manhã, a Amma acordou muito doente. Ela estava tão fraca que nem conseguia levantar da cama. Era domingo, e centenas de pessoas estavam esperando o *darshan* matinal da Amma. Ela reclamou que estava tendo problemas para respirar e que Seu corpo todo sofria uma dor terrível (algumas vezes, isso acontece quando a Amma toma para Si as doenças de Seus devotos). Ela sofria uma agonia tão grande que rolava na cama. Mas a cama de solteiro não era grande o suficiente, então, a Amma decidiu deitar-se no chão. Gayatri e os *brahmacharins* ficaram com medo que o frio do piso piorasse Sua dor, por isso o cobriram com um cobertor grosso, mas a Amma não o quis, então Gayatri removeu-o e ajudou a Amma a deitar-se. Deitada no chão, começou a rolar para frente e para trás, gemendo de dor. Seu sofrimento era óbvio. Os *brahmacharins* decidiram que não haveria *darshan* matinal nem *Devi Bhava* naquele dia. Eles comentaram isso com a Amma, que nada disse. Tomando Seu silêncio como consentimento, um aviso foi colocado em frente ao *ashram*, anunciando o cancelamento tanto do *darshan* matinal quanto do *Devi Bhava*. Um dos *brahmacharins* desceu e deu o aviso aos devotos que estavam esperando pela Amma. Todos ficaram muito desapontados.

Pouco depois de nove e trinta da manhã, a Amma ainda estava deitada no chão. Sua condição física não tinha melhorado um décimo. Todos estavam preocupados. Gayatri e Damayantiamma massageavam Suas pernas, enquanto uma *brahmacharini* segurava um saco de água quente contra Seu peito. Todos os olhos estavam fixos Nela. De repente, Ela despertou e perguntou: "Que horas são?" Todos ficaram atônitos e perguntaram: "Por que Amma? Por que quer saber a hora?" Pareciam fazer um coro.

"Por que perguntam?" disse a Amma como se nada tivesse acontecido, como se nada de errado tivesse ocorrido. "Ora, vocês não sabem que hoje é domingo? Os devotos devem estar esperando lá embaixo para o *darshan*. Que horas são?" perguntou novamente.

Ela olhou para o relógio e, quando se deu conta das horas, exclamou: "Shivane! São quase nove e quarenta e cinco!" A essa altura, Ela já estava de pé. Br. Nealu protestou e disse: "Mas Amma, nós já anunciamos que não haverá *darshan* hoje, e os devotos já estão cientes disso. Estão lentamente se aprontando para ir embora. Amma, a Senhora está muito doente. Precisa descansar ao menos um dia." A Amma olhou para Nealu com reprovação e disse: "O quê? Você disse a eles que não haverá *darshan* hoje? Anunciou isso? E quem lhe disse que a Amma está doente? Amma não está doente! Ela nunca fez isso antes! Amma está surpresa de ver que você, que mora com Ela há tanto tempo, ainda tem tão pouca compaixão. Como pode sequer pensar em mandar todos aqueles devotos embora?"

Imediatamente, Amma mandou Br. Pai lá embaixo a fim de informar a todos que daria *darshan* como sempre. Os devotos ficaram exultantes e rapidamente retornaram para o local. A essa altura, a Amma parecia completamente normal. Não havia nenhum sinal de dor ou doença. Ela disse aos *brahmacharins*: "Vocês não entendem os sentimentos dos devotos. Alguns deles esperam ansiosamente por muito tempo para ver a Amma. Muitos tiveram que pegar dinheiro emprestado ou vender suas jóias para poderem vir e ver a Amma. Alguns economizam uma quantia diária de seus míseros salários para pagar a passagem de ônibus e visitar o *ashram* uma vez por mês. É fácil para vocês mandá-los embora, dizendo que não haverá *darshan* hoje. Mas pensem em todos os problemas que eles tiveram que enfrentar para chegar aqui. Pensem no desapontamento deles. A maioria dos devotos não toma nenhuma decisão importante em sua vida sem antes consultar Amma. Os que estão aqui agora talvez precisem de uma resposta hoje. Existem certas coisas que não podem ser adiadas. Como foi fácil para vocês decidirem que não haveria *darshan* hoje. Filhos, tentem entender os problemas dos outros e tentem sentir o sofrimento deles."

Br. Nealu estava preocupado e comentou: "O que as pessoas irão pensar de nós? Vão pensar que nós, *brahmacharins*, cancelamos o *darshan* por nossa própria iniciativa."

A Amma, novamente, olhou de forma severa para Nealu e disse: "Nealu, você ainda está preocupado com o que as pessoas pensam de você? Muito bem! Então você tem medo dos outros e de seus sentimentos negativos! O que quer que tenha acontecido, foi a vontade da Amma - você não consegue considerar as coisas dessa maneira? É assim que um discípulo deve se sentir com relação ao seu Mestre? A preocupação com a opinião dos outros a seu respeito vem do ego. O ego quer ter uma boa imagem. Você não quer que as pessoas não gostem de você ou o critiquem. Você está muito mais preocupado com isso do que com a saúde da Amma. Uma pessoa que se entregou jamais pensaria dessa forma. Uma vez entregue, a pessoa não pensa em si mesma ou sobre o que os outros irão pensar dela. Você deve aprender a entregar seu ego."

Assim que a Amma terminou de falar, Gayatri pediu para que todos saíssemos do quarto, para que a Amma pudesse se preparar para o *darshan*.

Um estranho para acalmar a mente

Vinte minutos depois, a Amma desceu para o local do *darshan* e começou a receber os devotos. Ela parecia entusiasmada, alegre e com saúde perfeita.

Certa vez os *brahmacharins* perguntaram como poderiam entender Seus humores desconcertantes e por que Ela agia dessas maneiras extremamente estranhas.

A Amma respondeu: "É apenas a mente de vocês, estranha e barulhenta, que acha que a Amma age estranhamente. Vocês acham estranho, porque têm certas idéias preconcebidas a respeito de comportamento. Vocês adquiriram certos conceitos e hábitos com suas próprias vidas e da forma como foram educados. Vocês acreditam que certas formas de comportamento são estranhas e que outras são normais. Estranheza e normalidade não são mais do que conceitos, suas próprias crenças pessoais. Vocês querem que a Amma fale e aja de acordo com a maneira com que sua mente foi treinada.

"Talvez vocês tenham certas idéias sobre a vida que consideram corretas, mas com certeza, são diferentes das idéias de outras pessoas. Todos têm suas próprias idéias, seus próprios pensamentos e sentimentos e todos acham que estão certos e que os outros estão errados. Todo mundo funciona assim. Cada mente estabelece seus próprios conceitos e espera que Amma se enquadre no seu próprio modelo.

"É verdade que Amma tenta agradar a todos os devotos que vêm vê-La, aliviar seus sofrimentos, tristezas e medos. Vocês devem ter visto como Ela se comporta com eles, para fazê-los se sentir à vontade, de maneira que se abram em Sua presença. Quanto mais eles se abrem, mais a Amma pode trabalhar neles. Amma sacrificaria com alegria sua vida inteira para fazer os outros felizes. Mas Amma não acha que deva tratar vocês, que desejam dedicar sua vida a conhecer Deus, da mesma forma. Suas mentes precisam ser buriladas sempre, até que fiquem cristalinas – tão transparentes que vocês poderão perceber sua verdadeira existência, o Atmã. Em outras palavras, vocês têm que eliminar a mente. Mas isso não é fácil. A mente não pode ser simplesmente removida. Ela é dissolvida pelo calor produzido por *tapas*, e esse calor é criado pela disciplina do Mestre, unida ao amor e ligação que vocês têm com ele.

"Sua mente e intelecto não podem compreender o Mestre e é por isso que vocês o acham estranho e contraditório. Mas compreendam que é somente a mente que o julga assim.

"No calor produzido por *tapas*, a mente, junto com todos os seus julgamentos e preocupações, derreterá, e você começará a funcionar a partir do coração. Para que isso aconteça, o discípulo tem que ter uma quantidade enorme de paciência.

"Um verdadeiro Mestre sacrifica sua vida inteira para a elevação de seus discípulos, devotos e de toda a sociedade. Mas deve haver também certo compromisso da outra parte. Sejam pacientes e receberão tudo de um verdadeiro Mestre.

"Não tentem julgar o Mestre com seu intelecto. Seu entendimento sobre Ele será, com certeza, totalmente enganado. Como vocês habitam na mente e os seus hábitos e tendências são muito fortes, vocês insistirão em tentar resolver o mistério dos "humores estranhos" do Mestre através da lógica e da razão. Contudo, não conseguirão entender, até que, finalmente, tenham a revelação de que o Mestre não pode ser compreendido pela mente ou intelecto. Assim, a pessoa descobre que a fé é o único caminho. É somente através da entrega e de uma abertura pueril que alguém pode vir a entender o Mestre.

"No processo de tentar entender o Mestre através do intelecto, a mente fica exausta. A pessoa se dá conta de que é incapaz de entender a natureza infinita do Mestre com seu intelecto, até que finalmente se abre. De repente, ela fica receptiva. Esse processo envolve *tapas,* e é o amor e a ligação com a forma externa do Mestre que dão a intensidade.

"Vocês podem chamar o Mestre de estranho, mas ele é estranho somente para a mente. A mente cria um sentimento de estranheza somente porque vocês se identificam com ela. Quanto mais vocês se entregam à disciplina do Mestre, com um sentimento intenso de amor em seus corações, mais perceberão que a sua própria mente é estranha e não a do Mestre.

"A mente é um estranho. Ela é um estranho em sua residência verdadeira – o Ser Superior. A mente, sendo um elemento estranho, cria uma irritação incômoda. O incômodo são os desejos da mente. A sensação é a mesma de quando queremos coçar uma ferida. Quando coçamos, sentimos alívio. Então, coçamos várias vezes até que a ferida e a área à sua volta ficam vermelhas e infeccionadas. Com isso, a dor da ferida aumenta.

"A mente cria coceira quando está cheia de desejos e emoções. Então, você continua coçando até que, por fim, toda sua vida se torna uma grande ferida infeccionada e purulenta. Todo esse pus tem que ser espremido da ferida. Somente então ela cicatrizará. A função da Amma é tratar a ferida e expulsar o pus. É assim que Amma demonstra Sua compaixão por vocês, mas quando Ela o faz, vocês acham esquisito. Mas Amma não se incomoda com sua reação, pois isso ocorre Devido à falta de compreensão. Vocês achariam normal se Ela só ficasse dando alívio à ferida e permitisse que continuassem a coçá-la. A escolha é de vocês. Se quiserem que a ferida seja apenas aliviada e não curada, está tudo bem para a Amma, mas irão sofrer mais tarde.

"Suponha que você vai ao médico para tratar de um machucado. O médico talvez aplique uma injeção que o faça sentir ainda mais dor. O corte poderá ficar mais cheio de pus e a dor poderá se tornar terrível. Você pergunta ao médico: 'Como estou sentindo tanta dor, se o senhor me deu remédio?' O médico responde, com um sorriso: 'Não se preocupe. A injeção era para fazer o pus sair. Com certeza ficará bom.'

O médico parece satisfeito, porque sabe que o tratamento está funcionando. Mas você acha estranho o médico ficar satisfeito. Você não pode culpar o médico por sua própria compreensão limitada. Ele sabe o que está fazendo e é seu dever fazer o que houver de melhor por você. Não julgue o médico. Seu julgamento provavelmente será equivocado, pois você não entende de medicina. Ele está curando o machucado, mas antes disso, a dor é inevitável. A dor que você está passando significa a remoção de toda dor. Se você não é médico e nada sabe sobre o tratamento, suas idéias sobre como uma doença deve ser tratada pertencem a você e a sua mente apenas.

"O mesmo acontece com o verdadeiro Mestre. Seu sentimento de confusão e dor resultam da medicação espiritual que ele lhe deu, a fim de expulsar o pus das feridas do passado.

"Cortes externos e feridas não são o maior problema. Em breve, vão cicatrizar, desde que tratados apropriadamente. Mas as feridas internas são muito mais sérias. Elas podem destruir toda sua vida, porque você é ignorante e nada sabe sobre elas. Um médico comum não pode tratar de tais feridas. Elas são profundas e antigas e necessitam de um médico divino e onisciente. É absolutamente necessário um Mestre verdadeiro. Alguém que possa enxergar suas vidas passadas, que saiba como tratar e curar suas feridas internas."

Pergunta: "Amma, a Senhora chamou a mente de um elemento estranho. Por que estranho? Poderia explicar melhor esse ponto?"

Amma: "Sempre que um elemento estranho entra em nossas vidas, nós tentamos rejeitá-lo com força. Por exemplo, se existe uma partícula de poeira em nosso olho, queremos removê-la. Por quê? Porque aquilo não faz parte do olho; não nos pertence. E uma doença? Mesmo que seja uma dor de cabeça ou de estômago, queremos nos livrar daquilo, porque é estranho para nós. O corpo quer rejeitar a doença, pois não faz parte de nossa natureza. De forma semelhante, a mente é um elemento externo, um completo estranho, do qual precisamos nos livrar.

"Todos querem ser felizes e cheios de paz. Isso não se discute. Contudo, para se obter a verdadeira paz e felicidade, tem-se que ir além da mente e de seus desejos. É a mente que causa a infelicidade e a coceira. A mente é como uma ferida. Toda vez que um desejo surge, você sente uma 'coceira' na ferida da mente. Saciar o desejo é como coçar a ferida e aliviar o incômodo temporariamente. Mas você ignora totalmente a verdade de que, se sucumbir aos seus desejos, tornará a ferida da mente mais profunda. Ela se tornará cada vez mais infeccionada, mas vai continuar a exigir e desejar sempre, e você continuará a saciar esses desejos. É como coçar sem parar a ferida da mente, o que só fará com que ela fique progressivamente maior.

"Se você continua a esfregar com vigor a poeira em seus olhos em vez de removê-la, sua dor e irritação só irão aumentar. Tire a partícula de poeira e você ficará bem. Paralelamente, a mente é como a poeira em seu olho, um elemento estranho. Aprenda a se livrar da mente. Somente então irá alcançar a perfeição e a felicidade.

"Ser feliz e pleno é o objetivo de todos os seres humanos. Mas eles escolhem o caminho errado para alcançá-lo. Quase todos sabem que não estão vivenciando verdadeira paz e felicidade. Sentem falta de algo em suas vidas e tentam preencher o vazio através da aquisição e posse. Contudo, o problema verdadeiro existe dentro da mente. A mente é um estranho que precisa ser eliminado. Entretanto, quem poderá fazer isso? Somente um completo estranho para sua mente poderá fazê-lo. O Mestre é esse Estranho. O *mahatma*, o Mestre Perfeito, é talvez incompreensível para a sua mente, mas ele conhece a mente e seus modos estranhos perfeitamente. Ele é o Mestre de todas as mentes, mas para a sua mente ele é realmente um fenômeno muito estranho.

"Enquanto sua mente existir, você achará o comportamento do *mahatma* estranho, mas quando você lentamente começar a controlar a mente e os pensamentos, perceberá que não havia nada de estranho no *mahatma*, era somente a sua mente.

"Como Amma já mencionou, suas mentes têm que ser remexidas. Somente um determinado estranho com modos estranhos saberá lapidá-las. Vocês estão acostumados às pessoas comuns e seus hábitos, e, às vezes, sua mente é afetada por suas influências. Mas essa mexida é apenas superficial e não é suficiente. Uma interferência verdadeira deveria alcançar o fundo da sua mente. Somente então a purificação acontece. Nenhum indivíduo comum pode fazer isso, pois nenhuma pessoa conhece a estranheza de sua mente tão bem quanto um Mestre verdadeiro. Ele está além dos sentidos e da mente.

"Por isso, você estranha. Contudo, somente essa pessoa que está além dos sentidos e da mente poderá executar a lapidação de forma eficiente e ajudá-lo a eliminar sua mente estranha e seus sentimentos. Esse estranho é o Mestre – o *satguru*. O *satguru* traz o discípulo para próximo de Si através de seu amor e compaixão e, então, lentamente, através de seus modos e humores aparentemente estranhos, a lapidação começa.

"Filhos, existe um provérbio em malaiala que diz: 'Pegue o peixe depois de bater na água.' Se você criar uma turbulência em um lago, todos os peixes que vivem em parte diferentes do lago sairão dos seus esconderijos. Eles ouvirão o barulho amedrontador e sairão apressados. É como uma remexida total no lago. Uma vez que todos os peixes tenham saído de seus esconderijos, o pescador joga sua rede para capturá-los.

"De forma semelhante, o Mestre cria turbulência em suas mentes, por meio de seu modo incompreensível e estranho. Essa turbulência fará vir à tona todas as *vasanas* (tendências) que dormem em seu mais profundo interior. Só podemos tomar consciência dessas *vasanas* e removê-las depois que elas se manifestam. O comportamento estranho do Mestre é criado somente para capturar a sua mente. O Mestre cria turbulência para mostrar-lhe a quantidade de negatividade que existe em seu interior. Quando você se der conta do tremendo peso da carga de negatividade que está carregando, terá um desejo sincero de se livrar dela. Isso permitirá que coopere com o Mestre, porque, então, você conhecerá a raiz da causa de sua coceira e quão profunda é a ferida. Você quer se libertar da carga e ficar completamente feliz e tranqüilo. Quando tiver consciência da negatividade, será fácil eliminá-la. Você se dará conta de que a mente é a causa real de todo seu sofrimento e infelicidade e será capaz de renunciá-la, através da graça do Mestre."

Capítulo dez

Um bom lembrete

Um *brahmacharin* queria deixar o *ashram* por alguns meses e passar um período em solidão e já vinha falando com a Amma sobre isso há algum tempo. A Amma, no entanto, disse-lhe: "Por que quer partir? Será que lhe fará algum bem? Amma não acha que você se beneficiaria em se afastar deste ambiente. Se o seu objetivo é a Realização do Ser, este é o melhor lugar para estar. Mas se quer agir de acordo com suas *vasanas*, então, tudo bem, vá em frente. Sua mente que é o problema. Enquanto você carregar sua mente com você, para onde quer que vá, não ganhará nada com isso. Pode continuar a mudar de lugar e de situações, mas permanecerá a mesma pessoa, com as mesmas tendências e hábitos, a menos que interrompa sua mente barulhenta. A Realização continuará fora de seu alcance até que você silencie sua mente. O que você precisa não é de outro lugar ou situação, mas de alguém que tenha silenciado completamente sua própria mente. Somente tal pessoa poderá ajudar a torná-lo consciente de seu real problema e a tirá-lo dele. Somente tal pessoa poderá ajudar a sua mente tornar-se quieta e silenciosa."

O *brahmacharin*, mesmo assim, decidiu ir. Ele saiu do *ashram* de manhã cedo, deixando uma carta para a Amma que dizia: "Amma, me perdoe por minha desobediência. O desejo de ficar sozinho é tão forte que não posso resistir. Simplesmente tenho que ir. Ó, Compassiva, por favor, me aceite como filho e discípulo quando eu voltar."

Mas o *brahmacharin*, que queria ficar em solitude por pelo menos três meses, retornou ao *ashram* naquele mesmo dia. Mais tarde, ele relatou o incidente que o forçou a desistir da idéia de deixar o *ashram*.

Na esperança de pegar o ônibus de manhã cedo para Kayamkulam, ele havia tomado um barco para atravessar o canal e estava perto do ponto de ônibus quando, de repente, meia dúzia de cães apareceram à sua frente, bloqueando o caminho. O *brahmacharin* achou que eram inofensivos e decidiu não dar atenção a eles e tentar prosseguir. Mas assim que se moveu, os cachorros começaram a latir de maneira ameaçadora. O *brahmacharin* pegou uma vara no chão para afugentar os animais. Mas esse movimento aumentou a fúria dos cães, e seus latidos se tornaram ferozes. Alguns dos cães chegaram mais perto do *brahmacharin*, em uma situação cada vez mais perigosa. A intenção dele era amedrontar os animais, mas por fim, ele mesmo ficou com tanto medo que largou o pedaço de pau. Assim que fez isso, os cachorros pararam de latir e se aquietaram, contudo não pareciam desistir. Continuavam a bloquear seu caminho e não se moviam um centímetro. O *brahmacharin* fez uma segunda e uma terceira tentativa de se dirigir ao ponto de ônibus, mas toda vez que tentava dar um passo, os cães voltavam a latir, e continuavam impedindo seu caminho.

A certa altura, o *brahmacharin* ficou tão irritado com os cachorros que deu alguns passos ameaçadores em sua direção. Mas quando fez isso, um dos cães pulou sobre ele e, com um movimento rápido, mordeu-o na perna direita. Não foi uma ferida profunda, mas sua perna começou a sangrar. O *brahmacharin* ficou chocado com o ocorrido. Serviu para abrir seus olhos. Ele pensou: "Isso deve ser *lila* da Amma, porque não quer que eu vá. Estou sendo desobediente, mas nem mesmo minha desobediência terá sucesso se não for a vontade da Amma. Por qual outro motivo esses cães se comportariam de forma tão estranha?" Pensando dessa maneira e sentindo-se mais consolado, o *brahmacharin* retornou ao *ashram*.

O *brahmacharin* queria manter esse incidente em segredo. Decidiu contar à Amma mais tarde, quando tivesse uma oportunidade. Mas para sua surpresa, na manhã seguinte, a Amma perguntou-lhe: "Os cachorros lhe ensinaram uma lição, não foi?" A Amma riu e continuou: "Filho, permita que isso sirva como uma punição disciplinar por sua desobediência." Logo, todos ficaram sabendo do incidente. Nos dois dias seguintes, quando o *brahmacharin* andava pelo *ashram* com uma atadura em sua perna, despertava muitos risos e os outros residentes zombavam dele à vontade. Olhando sua atadura, a Amma ria e comentava: "Que isso sirva como um bom lembrete." O *brahmacharin* estava cheio de remorso e verteu lágrimas copiosas pedindo à Amma que o perdoasse.

Mais tarde, ele quis saber como aquilo podia ter acontecido. Ele perguntou à Amma: "Por que os cães se comportaram de forma tão estranha? Era Sua vontade que estava sendo expressa através deles, não era? Mas isso é possível?"

A natureza onipresente de um Mestre verdadeiro

A Amma replicou: "Filho, você não ouviu a história . Um verdadeiro *mahatma* pode fazer com que qualquer coisa o obedeça. Tudo lhe pertence; tudo pode ser controlado por Ele. Nada é impossível para um *mahatma*. Mesmo um pedaço de madeira fará qualquer coisa que ele queira. Por que, então, não pediria que um cachorro fizesse alguma coisa, já que o animal é bem mais inteligente! O *mahatma* pode agir através do Sol, da Lua, do oceano, das montanhas, das árvores e dos animais. Ele pode se expressar através de todo o universo. Ele precisa apenas dar um comando. Uma palavra, um olhar, um pensamento ou um toque basta para fazer qualquer coisa obedecer.

"Você conhece a história de como Krishna mandou um rebanho de vacas contra um poderoso demônio que havia aparecido para roubá-las? Ele o fez apenas tocando Sua flauta. O demônio era servo de Kamsa, tio malévolo de Krishna. Kamsa tentou muitos métodos diferentes para matar Krishna, usando seus fiéis demônios, um após o outro, para executar o serviço. Contudo, todas as suas tentativas falharam. Isso fez com que Kamsa ficasse muito vingativo. Um dia, ele chamou outro demônio e mandou que matasse todas as vacas pertencentes a Krishna e Seus amigos.

"Todas as manhãs, Krishna e os vaqueiros costumavam levar as vacas para pastar. Os campos ficavam longe de Gokul, onde Krishna e Seus amigos viviam. Um dia, quando as vacas estavam pastando alegremente em um bosque, o demônio apareceu. Primeiro, ele queria levá-las a um lugar onde pudesse usar seus poderes demoníacos para matá-las. A forma horrenda do demônio bastou para assustá-las, e elas correram de lá para cá, frenéticas. O demônio conseguiu colocá-las todas juntas e fê-las correr em uma determinada direção. Os amigos vaqueiros de Krishna estavam aterrorizados e correram até onde Sri Krishna estava sentado. Quando Lhe contaram o que havia acontecido, Sri Krishna sorriu, enquanto pegava Sua flauta e começou a tocar uma música bonita e melodiosa. Isso bastou. Assim que ouviram a linda música, as vacas que estavam fugindo do demônio mudaram de sentido e começaram a perseguir o demônio. Havia centenas de vacas e agora os poderes mágicos do demônio não tinham mais efeito sobre elas. Então, por fim, o demônio se viu forçado a fugir das vacas.

"O santo Jnaneswar, podia fazer uma parede se mover e um boi cantar os Vedas.

"Ter mestria sobre a mente significa mestria sobre toda a criação. Não significa somente mestria sobre sua própria mente individual. Você se torna mestre de todas as mentes, todas as mentes estão sob seu comando. Você é o todo e não a parte. Quando a pessoa realiza isso, não pode haver separação de nada."

Refugie-se aos pés de um Mestre perfeito

Em conexão com o incidente do *brahmacharin* que tentou ir embora, a Amma, mais tarde, elaborou: "As pessoas de todo o mundo correm daqui para ali, em busca de espiritualidade e Realização; querem encontrar um lugar pacífico e solitário, talvez uma caverna, um bosque ou uma área montanhosa, com um riacho correndo perto e assim por diante. O que deveriam fazer, primeiro de tudo, seria aprender a ser pacientes e se estabelecer em um lugar – mas não um lugar qualquer; deve ser aos pés de uma pessoa que as possa ajudar a ver que seus problemas não vêm de algum lugar fora delas, mas de dentro. Deve ser alguém que possa pegar o aspirante pela mão e levá-lo até o objetivo final; alguém que faça o aspirante sentir que não está sozinho - que ele sempre terá a ajuda e a orientação amorosa de seu Mestre, que possui infinito poder espiritual.

"Esse não é um caminho fácil e existe dor nele. Mas o aspirante não deve sentir dor demais, pois assim poderá sair do caminho ou querer ir embora. Estudantes competentes são difíceis de achar hoje em dia. Existiram há muito tempo atrás, quando a verdade e a fé eram predominantes na sociedade. Sua intenção de chegar ao objetivo era tão grande que conseguiam facilmente suportar a severa disciplina do Mestre. Aqueles aspirantes tinham completa fé e auto-entrega. Mas as coisas mudaram. Fé e entrega tornaram-se meras palavras. A era moderna tem mais discurso e menos ação, e as tendências da mente ficaram mais fortes do que antes. Ninguém quer ser disciplinado. Todos querem manter seu ego, pois é tão precioso para eles. As pessoas acham que o ego é algo que as torna mais bonitas. O ego não é mais considerado um fardo. As pessoas não sentem o peso de seus egos. Sentem-se confortáveis dentro de sua casca pequena e dura. Sentem-se amedrontadas e inseguras em sair dela. Acham que estão bem protegidas ali. Para elas, aquilo que está além da casca de seu ego é amedrontador, é desconhecido, portanto, inseguro. Acreditam que o que há além do ego não é para elas. É somente para aqueles que 'não são capazes de fazer mais nada'.

É necessário coragem para se entregar

"Entregar-se a um Mestre não é fácil. Requer coragem. É como pular dentro de um rio que flui. O Mestre é o rio que flui. Quando você pula, a corrente o leva para o mar, inexoravelmente. Não há como escapar. Você pode lutar e tentar nadar contra a corrente, mas o rio é tão forte que, com certeza, o levará para o oceano – para Deus, ou para o Ser, sua verdadeira morada. Pular é se entregar. Requer uma mente corajosa, poderia ser comparado com a morte do corpo e da mente.

"Talvez você não mergulhe agora, porque ainda não se sente pronto para pular nas águas profundas do rio. Por enquanto, você talvez queira permanecer parado de pé à beira d'água, admirando a beleza do rio. Você pode querer usufruir a brisa fresca, do murmúrio constante da água que corre, do poder e do encantamento do rio. Tudo bem. O rio não vai forçá-lo a mergulhar e você pode ficar ali, de pé, pelo tempo que quiser, porque o rio não o mandará embora. Ele não dirá: 'Basta! Vá embora! Há uma longa lista de espera.' Nem vai dizer: 'Ok, chegou a hora. Você pula dentro de mim agora mesmo, ou vou forçá-lo.' Não, nada disso. É tudo por sua conta. Você tanto pode pular como pode ficar na beira d'água. O rio simplesmente está lá. Está sempre querendo aceitar e purificar você.

"O rio do Mestre não tem ego. Ele não pensa: 'Estou fluindo, sou poderoso e bonito. Tenho o poder de levar você para o oceano. Na verdade, eu sou o oceano. Veja quantas pessoas nadam e se banham em mim, e como se divertem em mim!' Não, o rio do Mestre não tem tais sentimentos. Ele simplesmente flui, porque é essa sua natureza.

"Mas depois que você mergulha, a corrente é tão forte que você se torna quase um corpo morto. Você fica tão impotente que não tem outra alternativa a não ser ficar quieto e deixar que o rio o carregue para onde quer que ele deseje. Você tem a liberdade de escolher. Você pode ficar na beira ou mergulhar Mas uma vez que dá o pulo, não tem mais escolha, perde sua individualidade, tem que desistir de seu ego. Neste momento, você desaparece e percebe que flutua em Consciência Pura.

"Ou seja, você é livre para ficar na beirada. Mas por quanto tempo? Mais cedo ou mais tarde terá que virar e voltar para o mundo ou pular. Mesmo que retorne ao mundo, a beleza e o encantamento do rio são tão encantadores e tão tentadores que você continuará a vir até a beira d'água. Um dia, você será tentado a dar aquele pulo final. Finalmente, você mergulhará – é inevitável.

"Enquanto estiver de pé na beira d'água, talvez tenha muitas coisas para dizer a respeito do rio. Cantará seus louvores, descreverá suas belezas, terá muitas opiniões sobre ele e terá infinitas histórias para contar a respeito do rio e de sua história. Mas estará descrevendo o rio e contando histórias sobre ele sem ter sequer dado um pequeno mergulho. E o que disser sobre sua grandeza sem ter entrado nele será sem significado. Quando finalmente mergulhar e se entregar para o Rio da Existência – o Mestre Perfeito – você silenciará. Não terá nada a dizer.

"A entrega o torna silencioso. A entrega destrói todo o ego e ajuda você a experimentar a sua ausência e a onisciência de Deus. Quando você souber que é nada, que é totalmente ignorante, então não terá nada a dizer. Você terá somente fé incondicional e indivisa, só conseguirá se curvar na mais perfeita humildade. Para realmente saber, a pessoa deve ser humilde. O ego e o conhecimento verdadeiro não são compatíveis. Humildade é sinal de verdadeiro conhecimento.

"Algumas pessoas têm o dom da oratória. Elas tendem a ter egos grandes. Existem exceções, mas a tendência, em geral, é falar muito e fazer pouco. Por quê? Porque a pessoa não se entregou a uma realidade maior, aos mais altos valores da vida; não aceitou realmente a natureza todo-poderosa de Deus e sua própria insignificância, mesmo ao falar sobre Ele. Tais pessoas podem fazer muitas coisas boas para o mundo, mas também fazem muito mal.

"Amma não está tentando generalizar. Nem todo mundo é assim. Algumas dessas pessoas se entregaram, mas são poucas e podem ser contadas nos dedos. A tendência geral é ser o mais egoísta possível."

O ego mata seu eu verdadeiro

"O maior problema com o mundo da política e dos negócios é a competição acirrada, a disputa que acontece entre os membros de um partido ou entre grupos rivais de um ramo, enquanto cada um tenta estabelecer sua supremacia sobre os outros. Em situações como essas, a pessoa quer mostrar alguma agressividade contra seus rivais; quer ganhar poder sobre eles e, por isso, precisa mostrar-lhes o quanto é importante. Para alcançar seu objetivo, ela usa qualquer método, mesmo que seja desumano. E, na luta para sobreviver, perde suas qualidades de ser humano, tornando-se quase um animal. A pessoa perde seu coração; uma rocha dura toma seu lugar. Sua consideração por seus semelhantes está perdida. O seu eu real é sacrificado.

"Amma ouviu essa história: Um homem estava envolvido em um processo judicial. Ele achou que poderia perder a causa e disse a seu advogado que estava pensando em mandar para o juiz um jogo completo de tacos de golfe, como suborno. O advogado ficou chocado e disse ao cliente: 'O juiz se orgulha de sua honestidade e não pode ser subornado. Se fizer isso, só servirá para fazê-lo ficar contra você e daí já pode imaginar o resultado.' O homem ganhou a causa e, quando tudo havia terminado, convidou seu advogado para jantar. Ele expressou sua gratidão com relação ao conselho sobre os tacos de golfe. 'Eu os mandei para o juiz mesmo assim', acrescentou, 'mas o fiz em nome de nosso oponente'.

"O ego faz a vida ficar bem parecida com um campo de batalha onde só existem inimigos, não existem amigos nem pessoas mais chegadas ou queridas. Em um campo de batalha não existe amor nem preocupação com os outros. Sempre se está pensando em destruir o outro. Você nem sequer considera esquecer e perdoar. Mesmo aqueles que parecem estar do seu lado estão tentando derrubá-lo. De fato, estão pensando da mesma maneira que você; têm as mesmas suspeitas. E assim acontece que você começa destruindo seus rivais e depois acaba destruindo as pessoas de seu próprio partido. O poder e o dinheiro deixam-no cego. Por que há tanto problema? Porque não há entrega nem humildade. Todos acham que são especiais, que são os maiorais. Então, ficam tentando mostrar aos outros quão grandes são, e é isso que sempre acaba em destruição.

"Outro dia, um ator visitou Amma e falou sobre sua luta na indústria cinematográfica. Ele disse para Amma: 'As pessoas acham que o cinema é o melhor negócio que existe e que os astros de cinema têm vidas alegres e satisfatórias.' Com grande sofrimento, ele contou à Amma que essa é uma das piores profissões, em razão de toda inveja e competição que existe entre os atores. Aqueles que estão no topo nunca estimulam os outros a subir. Embora existam muitos bons atores e atrizes, estes estão à mercê de produtores, diretores, atores e atrizes principais. Existe uma hostilidade vergonhosa entre eles, enquanto cada um tenta derrubar o outro.

"Às vezes, as pessoas tentam esconder seus egos para conseguir alguma coisa. Imagine um sujeito em busca de um emprego. Ele vem procurando há muito tempo, sem sucesso. Ao se aproximar de um dono de fábrica para pedir um emprego, esconde seu ego com cuidado e finge ser muito humilde. Ele concorda rapidamente com todas as condições que lhe são impostas e assina o contrato. Promete várias vezes que nunca participará de qualquer tipo de greve ou protesto que possa vir a ser perpetrado contra a administração e que cumprirá seus deveres com rapidez e eficiência. Contudo, depois de assegurar o emprego, ele começa a achar que é especial e quer mostrar isso. Começa a quebrar todas as suas promessas e esquece da declaração que havia repetido. Ele revela seu ego, que estava escondido.

"Quando você se entrega a uma consciência mais alta, desiste de todas as suas reivindicações. Você solta tudo a que vinha se agarrando. Se ganhar ou perder, isso não importa mais. Você não quer ser mais nada. Você não anseia em ser nada, absolutamente nada. Então, mergulha no Rio da Existência."

"O ego, ou a mente, é o que faz você sentir que é algo. A não ser que seja eliminado, você não pode mergulhar fundo em sua própria consciência. Você tem que se tornar nada. Nem um traço de 'eu sou alguma coisa' deve permanecer. Se você é algo, não há entrada no verdadeiro reino da Consciência Pura.

A beleza reside na ausência de ego

"O ego só pode destruir. Ele destrói tudo – até mesmo a vida em si. Destrói tudo o que é bom e belo. Quando o ego é predominante, a feiúra também predomina, porque o ego é inerentemente feio e repulsivo. Uma pessoa egoísta pode ser considerada fisicamente bonita e altamente capaz, mas apesar de tudo, haverá uma sensação desagradável a seu respeito.

"Ravana, o rei demônio, era belo, majestoso e muito talentoso. Era um grande cantor e músico. Tocava vários instrumentos ao mesmo tempo, de maneira graciosa. Era um grande estudioso, um grande compositor e escritor. Mas havia sempre algo abominável nele. Embora tivesse todas essas soberbas qualidades, ele também tinha uma natureza desagradável. Isso se dava em razão de ser egocêntrico ao extremo. Ele achava que era melhor do que todos. O pensamento 'eu sou algo grande' cria um aspecto feio nas pessoas.

"Vedavyasa, por outro lado, não era nada belo fisicamente. Mas sua presença era divina e de uma beleza excepcional, porque ele era a própria encarnação da humildade e simplicidade. Ele não tinha ego. Ele era genuinamente grande, mas nunca declarava ser grande em qualquer coisa. Ele pensava em si como nada e, por causa disso, ele era tudo.

"Vedavyasa era uma alma completamente rendida, não tinha ego individual algum; era a personificação da Pura Consciência. Por outro lado, Ravana tinha um ego grosseiramente inflado. A diferença é gigantesca."

Todos estavam sentados hipnotizados, ouvindo as palavras da Amma, admirando a Amma – a incompreensível.

Br. Pai cantou uma canção que se chamava *Ammayennullora Ten Mori*.

Existirá outro nome
dentre os inumeráveis nomes na existência
Que se iguale ao doce nome de Amma?

Existirá qualquer outro reino
Além daquele do Teu Amor
Que valha ser o local de descanso
De todos os meus pensamentos?

Ó Amma, se esqueceres este indivíduo
Que tem vagado
Por praias em noites solitárias,
Então o jardim de minha mente
Será assombrado por tristezas sem fim.

Ó Amma, existe alguém, exceto a Senhora
Meu único apoio
Que conheça meus sofrimentos mais íntimos?
Se nós que Te adoramos
Transformarmos-nos em pessoas desprezíveis,
Que propósito pode haver
Em meditar aos Teus pés de lótus?

Ó luz abençoada e infinita
Por favor, faz carinho com o toque mais sutil
De Teu olhar.
Se o fizeres, minha mente fluirá
Ao longo do Rio sagrado
Pleno do Néctar da Bem-aventurança.

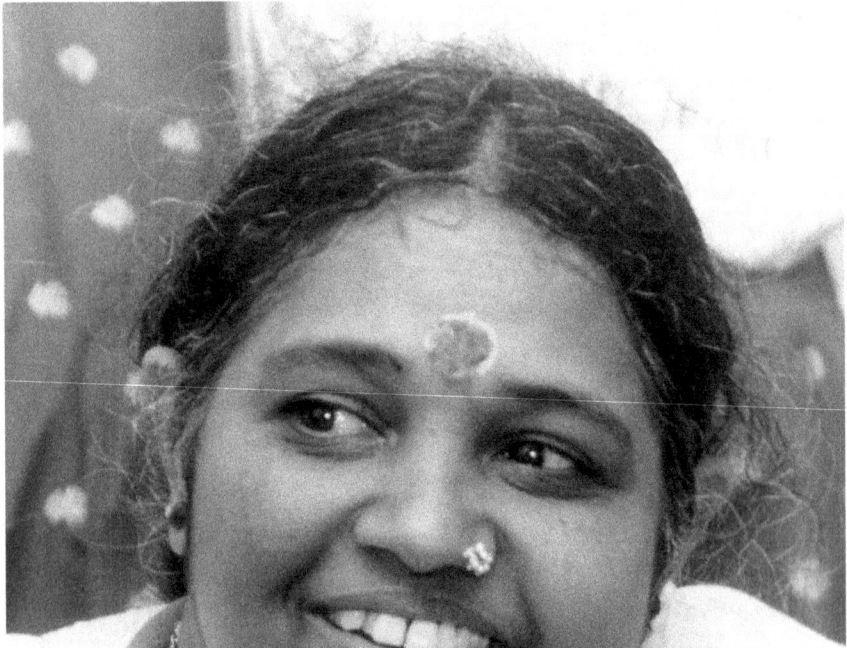

Capítulo onze

Certa noite, durante o *Devi Bhava*, Br. Balu não estava podendo cantar porque estava com a garganta inflamada. Então, sentou-se dentro do templo, meditando e repetindo seu mantra e apenas admirando a face radiante da Amma.

Saumya estava sentada do outro lado da Amma, servindo-A como sempre fazia durante todo *Bhava darshan*. No começo, Gayatri e Saumya eram as únicas *brahmacharinis* que moravam permanentemente no *ashram*. Antes disso, quando os *bhavas* de Krishna e Devi se iniciaram, eram as devotas do local que serviam a Amma durante cada *Bhava darshan*. Quando Gayatri veio ficar permanentemente ao lado da Amma, no começo de 1980, ela começou a tomar conta de suas necessidades pessoais e também começou a servi-La durante as manifestações divinas. A tarefa de servir a Amma durante o *Bhava darshan*, mais tarde, passou para Saumya, quando esta se tornou residente permanente, no final de 1982.

Naquele tempo, era comum a Amma permitir que um dos *brahmacharins* se sentasse do Seu lado esquerdo durante o *Devi Bhava*, e esses momentos eram considerados muito preciosos.

Tendo convidado um *brahmacharin* para se sentar perto de Si, a Amma aplicava um pouco de pasta de sândalo entre suas sobrancelhas. Esse toque tinha um efeito maravilhoso sobre aquele que o recebia. Ele criava um sentimento de tamanha paz que o *brahmacharin* espontaneamente entrava em profunda meditação. Dessa forma, Ela deliberadamente concedia essa benção a ele. O primeiro grupo de *brahmacharins* foi muito afortunado em receber essa experiência. Algumas vezes, a Amma deixava que o *brahmacharin* ao seu lado descansasse a cabeça em Seu colo. Deitado com a cabeça em seu colo, a pessoa tinha visões maravilhosas e outras experiências espirituais. É claro que se considerava um grande privilégio e bênção receber a permissão para sentar perto da Amma durante o *Devi Bhava*. Não eram poucas as ocasiões em que a Amma concedia essa bênção a um devoto chefe de família.

Como receber permissão para sentar perto da Amma durante o *Devi Bhava* era considerado uma expressão de Seu amor especial, cada *brahmacharin* sempre esperava ansiosamente que a Amma o chamasse. Mas, entre os seis ou sete *brahmacharins* que moravam no *ashram* naquela época, a Amma convidava somente um para sentar-se junto dela durante o *Devi Bhava*. Algumas vezes, Ela ignorava completamente os *brahmacharins* e pedia a um devoto chefe de família para vir sentar ao Seu lado. Quando os outros se davam conta de que tinham perdido a chance, ficavam com muito ciúme do escolhido. Mas com o tempo, a Amma parou completamente essa prática de chamar um deles.

As lembranças daqueles dias ainda permanecem frescas e vívidas entre os *brahmacharins*. As meditações profundas e espontâneas que eles costumavam experimentar naquelas ocasiões eram extraordinárias. Algumas vezes, a Amma também passava algum tempo respondendo as perguntas daquele que se sentava a Seu lado.

Era uma dessas noites abençoadas para Br. Balu. Na varanda na frente do templo, *bhajans* estavam sendo tocados com grande intensidade. Br. Pai estava cantando *Oru Pidi Sneham*.

Vaguei buscando de sombras
Ansiando por uma fração de amor
Quando estava quase ao meu alcance,
O amor escapou de minhas mãos.
Ó Amma, aqui estou eu
Vagando novamente
Ó Amma.

Meu coração está ferido
Atingido pelas chibatadas das ondas
De sofrimento.
Ó Amma, onde esta alma alquebrada

Irá procurar por Ti?
Tu não te importas?
Ó Amma, Tu não te importas?

Enquanto estiver bebendo
lágrimas de sofrimento,
Não mais dormirei.
Ó Amma, tem misericórdia
Para que eu possa despertar de novo
E me descobrir
Aos Teus pés de lótus.

Balu estava sentado próximo à parede, a uma pequena distância da Amma. Ele estava admirando o belo semblante da Amma e pensava consigo mesmo: "Como seria maravilhoso se a Amma me chamasse agora e me deixasse sentar perto dela." De repente, a Amma olhou para ele e, sorridente, convidou-o para sentar-se ao Seu lado. A felicidade de Balu era ilimitada. Pensar que a Amma tinha respondido à sua oração com tanta rapidez o fez sentir-se completamente aberto e receptivo.

Sem perder um minuto, Balu aproximou-se da Amma e sentou-se no chão ao lado de Seu *pitham*. A Amma mirou-o com um olhar radiante e disse: "Amma sabia que você tinha um desejo intenso de sentar-se perto dela." Balu concentrou seu olhar no rosto da Amma e derramou lágrimas silenciosas. Quando a Amma viu isso, Sua compaixão transbordou e Ela expressou isso colocando gentilmente a cabeça de Balu sobre Seu colo. Ela continuou a dar o *darshan* para os devotos, enquanto mantinha a cabeça dele aninhada em Seu colo.

Da varanda do templo, ouvia-se o *brahmacharin* Pai recitando o seguinte *sloka* (verso) do *Amritanandamayi Stavamanjari*, como introdução para uma canção.

Prostro-me diante de Ti, Ó Amma
Que és a essência do Aum

O Infinito, o Eterno
Existência-Conhecimento-Êxtase, Absoluto
Que brilhas no templo dos corações dos Sábios...

Que trazes alegria
Aos discípulos corretos e fiéis
Imersos em meditação...

Que despertas neles
A devoção fervorosa
Que nasces do canto sincero da devoção

A Amma, que és adorada
Pelos virtuosos.

Balu levantou a cabeça do colo da Amma e mais uma vez olhou para sua face radiante. Quando Ela lhe deu um olhar de compaixão, Balu perguntou: "Amma, eu estive com a Senhora em todas as Suas encarnações anteriores?"

A Amma sorriu e replicou: "Filho, você sempre esteve com a Amma. Filho, saiba que todos que estão com Amma agora estiveram com Ela em todas as Suas prévias encarnações. De outra forma, como você poderia sentir essa ligação forte e espontânea por Ela?"

Pergunta: "Alguns dizem que é o Guru que escolhe o discípulo, outros dizem que é o discípulo que escolhe o Guru. Qual é o correto? A Senhora me escolheu ou eu A escolhi? Eu A encontrei ou a Senhora me encontrou? Poderia esclarecer isso?"

Amma: "Filho, se Amma lhe dissesse que Ela o escolheu, você acreditaria completa e cegamente sem a menor dúvida? Não, Amma acha que não. Em seu estado atual, poderá acreditar nisso por algum tempo, mas não vai demorar até que a mente levante objeções. Ela aplicará a teoria de causa e efeito e, quando adotar essa linha de raciocínio, você começará a analisar, pensar: 'Ok, então Amma disse que foi Ela que me encontrou, mas se Ela me encontrou, deve ter sido em conseqüência de algo. Qual, então, é a causa? A causa deve ser o meu *punya* (mérito) ou o *tapas* que eu pratiquei.' Se você pensar dessa forma, o ego voltará a aparecer pouco a pouco.

"Isso tudo pode parecer muito lógico, mas a melhor atitude para o seu crescimento espiritual seria a seguinte: 'Deus me escolheu. Meu Mestre me escolheu. Eu estava perdido e fui encontrado por meu Mestre, aquele que é Tudo para mim.'"

Pergunta: "Eu alcançarei a Realização do Ser nesta vida ou terei que nascer de novo para isso?"

Amma: "Filho, você será capaz de fazer esforço suficiente para destruir sua mente e todos os seus desejos nessa vida? Amma sempre estará ao seu lado para guiá-lo e segurar sua mão. Mas será você capaz de praticar sua *sadhana* regularmente, sem falta, conforme Amma lhe indica? Se você puder fazer isso, Amma acredita que você não nascerá novamente."

"Filho, se você executa suas práticas espirituais exatamente como a Amma instrui, definitivamente alcançará o estado de Realização do Ser em três anos. Amma pode garantir isso. Não haverá retorno. Mas a mente tem que desaparecer, o ego tem que morrer. Se até mesmo um vestígio da mente permanecer, sem ser eliminado, você terá que voltar."

Pergunta: "Amma, eu não tenho medo de voltar. Eu só quero estar com a Senhora, mesmo que eu tenha que nascer mais vezes!"

Amma: "Filho, se você realmente estiver com a Amma durante esta vida, definitivamente estará com Ela em todas as Suas futuras encarnações. Não há dúvida quanto a isso."

Pergunta: "Amma, o que a Senhora quer dizer com 'Se estiver realmente com Amma'? Eu não estou com a Senhora agora?"

Amma: "Obediência incondicional à Amma é o que em verdade significa estar realmente com Ela. Estar na presença física de Amma sem estar consciente dos princípios espirituais que Ela preconiza não é estar realmente com Ela – é esquecê-La. Lembrar-se verdadeiramente da Amma é obedecer Suas palavras, entender sua importância espiritual e praticá-las. Por outro lado, só de estar na presença de um *mahatma*, a pessoa já sofre purificação."

Balu fitou a Amma e pediu: "Amma, uma última oração. Abençoe-me para que eu esteja sempre em Sua Divina Presença."

A Amma mergulhou seu dedo indicador em uma pequena tigela de pasta de sândalo e colocou a ponta do dedo entre as sobrancelhas de Balu, que imediatamente sentiu-se em bem-aventurança. Ele fechou os olhos e, enquanto a Amma continuava pressionando o dedo contra seu terceiro olho, ele entrou em profundo estado de meditação.

Os *brahmacharins* estavam cantando uma canção chamada *Brahmanda Pakshikal*:

Ó Mãe,
Tu és a gloriosa Árvore da Sabedoria
E galáxias voam para Ti
Como bandos de pássaros.
Até que eu Te alcance
Através do conhecimento do Ser
Permita-me crescer em Tua sombra.

Ó Mãe de Supremo Poder
Eu Te venero
Sabendo que o céu azul
É a Tua cabeça
A terra é Teus pés
E toda a atmosfera
É Teu corpo.

Ó Mãe,
Que és glorificada em todas as religiões
Que és a essência dos quatro Vedas
E a morada
Na qual todos os nomes e formas
Finalmente se dissolvem

Prostro-me diante de Ti
Com toda humildade.

No final do *Devi Bhava*, a Amma chamou Dattan, o leproso, para vir receber *darshan*. Foi muito emocionante e inspirador vê-La cuidar dele. Ele recebeu muito mais tempo e atenção do que qualquer outro. Dattan foi até a Amma e prostrou-se aos Seus pés. A Amma levantou-o e colocou sua cabeça em Seu colo. Depois de algum tempo, Ela suavemente levantou sua cabeça e manteve-o junto a Seu ombro. Depois, Ela começou a tocar suas feridas purulentas com a língua. Tal ato extremo de compaixão era difícil até de imaginar. Para aqueles que testemunhavam o que ocorria, era ao mesmo tempo horrível e profundamente emocionante. Um devoto que estava de pé no templo desmaiou ao ver a cena e teve que ser carregado dali.

A Amma, então, pediu ao resto dos devotos que saíssem do templo. O que Ela fez depois foi estarrecedor. Ela fez Dattan se curvar e, segurando sua cabeça entre as mãos, Ela mordeu uma ferida profundamente infectada em sua testa e, depois de chupar todo o sangue e pus dela, cuspiu em uma vasilha que a Bri. Saumya segurava perto dela. Depois de repetir esse movimento algumas vezes, Ela pegou um pouco de cinza sagrada e esfregou-a sobre o corpo do leproso. A Amma o abraçou uma vez mais, com grande carinho e, finalmente, saiu pelas portas abertas do templo e começou a jogar pétalas de flores sobre os devotos, o que marcava o final do *Devi Bhava*.

Também se deve mencionar aqui que Dattan ficou completamente curado. Seu único remédio fora a saliva da Amma. Todos os seus ferimentos desapareceram, e somente as cicatrizes permaneceram em seu corpo.

Capítulo doze

Não o meu direito, mas a Sua graça

Era o dia seguinte ao *Devi Bhava* e, por isso, o *ashram* estava menos cheio. Balu, Venu, Ramakrishnan, Rao, Srikumar e Pai[10] estavam sentados perto da Amma, que tinha acabado de sair do quarto e estava sentada em frente ao salão de meditação. Balu aproveitou a oportunidade para perguntar: "Amma, ontem à noite, durante o *Devi Bhava*, quando perguntei se era o discípulo que escolhia o Mestre ou o Mestre que escolhia o discípulo, a Senhora disse que sempre é melhor para o crescimento espiritual do discípulo ter a atitude de que 'Deus me escolheu' ou 'Meu Mestre me escolheu'. Poderia nos falar mais sobre essa atitude?"

Amma: "Filho, se a pessoa acha que foi ela que escolheu seu Mestre isso aumentará egotismo. Você não pode escolher seu Mestre, a menos que ele queira. Seria soberba pensar: 'Eu escolhi meu Mestre.' Dessa forma, poderia abandoná-lo quando quisesse. Mas como você poderia escolher o seu Mestre, que está além do seu entendimento? Antes de escolher ou rejeitar alguma coisa, você tenta entender se é boa ou má para você. Se for boa, é escolhida e se não for, é rejeitada. Você também poderá dispor do que escolheu por algum tempo e depois se desvencilhar daquilo quando desejar. É necessário pensar muito para fazer esse tipo de escolha. Mas quando um discípulo se apaixona por seu Mestre irremediavelmente no primeiro encontro, não há raciocínio envolvido. A atração espiritual do Mestre é tão grande, que o discípulo é conquistado. O raciocínio é uma obstrução para o amor verdadeiro e para a entrega total.

---

[10] Balu é hoje conhecido como Swami Amritaswarupananda; Venu = Swami Pranavamritananda; Ramakrishnan = Swami Ramakrishnananda; Rao = Swami Amritatmãanda; Srikumar = Swami Purnamritananda e Pai = Swami Amritamayananda.

"O Mestre, contudo, não é uma coisa nem uma personalidade limitada. O verdadeiro Mestre é o seu próprio Ser Superior, o âmago de tudo. Ele é o infinito.

"Como pode o rio escolher o oceano? O rio flui inevitavelmente em direção ao mar. Todos os rios são assim: são levados para o oceano e se fundem nele. O chamado do oceano é tão infinitamente poderoso que os rios têm que correr naquela direção.

"Da mesma forma, você está fadado a ser atraído para o Mestre Supremo. O seu poder infinito o atrai, e por isso, você flui em sua direção. O poder do Mestre impede qualquer escolha de sua parte. O poder é todo dele. É a graça dele, e você não tem nenhum crédito nisso.

"Você é só um pedacinho de limalha de ferro que está sendo irremediavelmente atraído para o imã todo poderoso da glória espiritual do Mestre. Uma limalha de ferro não tem escolha. Uma vez dentro da força magnética do imã, ela não escolhe ir ou vir. Conforme o imã a atrai, ela simplesmente tem que se mover naquela direção. Da mesma forma, você está sendo puxado na direção do Supremo Mestre e não tem escolha. Simplesmente acontece.

"O Mestre o tira da lama e o eleva ao mesmo estado em que ele próprio se encontra. Portanto, a atitude correta é pensar: 'Eu não o escolhi. Ele me escolheu.' Existe, contudo, perigo em pensar que você foi escolhido pelo Mestre porque então lentamente você vai pensar: 'Sou o escolhido, então devo ser especial de alguma maneira.' Isso também é perigoso porque, com esse tipo de atitude, você esquece o papel que o Mestre desempenha em todo esse processo. Poderá pensar que, se o Mestre o quis, é seu direito absoluto ser seu discípulo, e isso pode facilmente inflar seu ego. O ego de uma pessoa espiritualizada é muito mais sutil do que o ego da pessoa que leva uma vida mundana.

"Seria muito melhor você pensar: 'É somente pela Graça de meu Mestre que estou aqui com ele. Não é meu direito adquirido; é uma benção. Foi o Mestre que me encontrou. Eu era inútil, estava completamente perdido e sem esperança, mas por causa de sua graça e compaixão, estou aqui agora. Eu não mereço nada, mas ele está me banhando em sua divina graça de qualquer forma.' Essa atitude o fará humilde e será de grande ajuda para erradicar seu ego. O mais importante é sempre manter essa consciência. Como a mente e a força das *vasanas* são muito poderosas, é fácil cair em suas teias e esquecer a Graça do Mestre. Tornar-se humilde é o objetivo da vida espiritual.

"A humildade é o caminho para Deus. Por outro lado, se você achar que foi escolhido por seu Mestre, logo pensará: 'Tem tanta gente no mundo e ainda assim meu Mestre *me* escolheu. Eu devo ter acumulado muito mérito ou poder espiritual em minha vida pregressa. Deve ser por isso que ele me escolheu em detrimento de outro. Ninguém além de mim é capaz de fazer o trabalho que estou desempenhando neste mundo. Ele me quis, e é por isso que estou aqui.'

"Tais pensamentos podem dominar você, e logo ficará pior do que qualquer outro. Terá um ego enorme, e isso é perigoso. Tal atitude o fará considerar-se importante. Sua personalidade será desfigurada por seu ego. Um devoto ou discípulo verdadeiro tem grande humildade e, em razão disso, possui também certa beleza espiritual. A beleza da espiritualidade está na humildade.

"O Mestre o escolhe para salvá-lo. O fato de que ele o escolheu deve ser considerado como uma bênção que você, na verdade, não merece. Não é seu direito – é graça e bênção. Se você não tiver essa atitude, o ego irá vai entrar, sem que você perceba.

"Deve-se ter a humildade de pensar: 'Eu sou nada. Sois tudo.' Somente quando sentir que é nada poderá tornar-se tudo. Se achar que é algo, será nada."

Cuidado com o ego sutil

Pergunta: "Amma, a Senhora disse que o ego de uma pessoa espiritual é muito sutil, e que até pode nos puxar de volta ao mundo. Poderia, por favor, explicar isso?"

Amma: "Crianças, o simples fato de pensar, 'eu sou espiritualizado, sou espiritualmente adiantado', ou 'sou um renunciante' já pode ser um grande bloqueio ao seu progresso espiritual. Tais pensamentos também fazem parte do ego, mas de um componente mais sutil dele. Você pode pensar: 'Eu sou o máximo, porque renunciei a tudo. Veja todas essas pessoas mundanas que ainda estão imersas no pântano do materialismo. São tão ignorantes!'

"Você pode achar que aqueles que vivem no mundo estão bem abaixo de você. Se abriga tais pensamentos, isso só mostra que está imaturo, que é ignorante. Aqueles que vivem no mundo podem ser ignorantes, mas não estão na senda espiritual. Por outro lado, você, que supostamente está no caminho espiritual, ainda assim é espiritualmente ignorante. Tais pensamentos pertencem ao ego e precisam ser eliminados pela raiz. Se você está sob a orientação de um Mestre verdadeiro, não pode sentir esse tipo de orgulho. O Mestre notará imediatamente seu orgulho e o arrancará pela raiz. Um ego sutil é muito mais poderoso e difícil de destruir.

"Uma pessoa mundana é orgulhosa de suas conquistas na vida e gosta de ostentar. Seu ego nasce de seu apego aos objetos do mundo externo. Ela tem uma casa grande e bonita, à qual está ligada e pela qual sente enorme orgulho. A casa é excelente alimento para seu ego. A pessoa também se orgulha de seu poder, prosperidade e reputação e, algumas vezes, demonstra isso em larga escala. Você poderá perceber isso em sua presença. Até a forma como anda e fala terão certo ar de orgulho. Quanto mais prosperidade tem, mais ego ostenta. Pobre ou rico, a diferença de ego é só uma questão de grau.

"Quanto mais pensamentos possuir, mais ego terá. É por isso que intelectuais, pensadores e palestrantes são freqüentemente mais egocêntricos que outras pessoas. Os indivíduos que usufruem de

posição mais privilegiada na sociedade são comumente muito egocêntricos, a menos que tenham uma atitude de auto-entrega. Estão
acostumados a ser elogiados pelo público pelo trabalho excepcional
que realizam. Geralmente, quanto mais famosa a pessoa, mais ego-
cêntrica, porque o ego cresce com todo esse reconhecimento.
É isso o que acontece com todas as pessoas que são bem sucedidas nesse mundo. Em tais indivíduos, o ego é bem evidente. Você
poderá identificá-lo através de seu discurso e de suas ações. Eles não
conseguem escondê-lo. Estão tão cheios de si, que não existe lugar
para o ego se esconder. Entretanto, existem também pessoas que
conquistaram fama e reconhecimento e que, ainda assim, permanecem humildes. Essas são raras exceções.

"É natural que pessoas que levam uma vida materialista sejam
egoístas. É perdoável, porque não possuem compreensão espiritual
apropriada. Esse não é o caso de pessoas espiritualizadas que dedi-
caram suas vidas somente a esse propósito. Tem que ser seu modo
de vida. Elas têm que ser humildes e destituídas de qualquer ego.

"Infelizmente, pode acontecer de uma pessoa espiritualizada
aprender a esconder seu ego e fingir ser muito humilde. Ela tenta
não mostrar que tem ego, porque sabe que expressá-lo é errado para
um aspirante espiritual. Ela sabe que as pessoas não iriam apreciar
isso. Isso acontece no mundo também, só que existe uma diferença.
No mundo, quando você é reconhecido como perito em alguma
área, o seu país precisará de seus serviços e você poderá se permitir
ser egocêntrico.

"Poderá falar e agir de forma egotista, pois estará a salvo em
razão de sua especialidade. Seus empregadores ou aqueles que o
indicaram não poderão simplesmente mandá-lo embora, a menos
que tenham um substituto muito bom. Mas na vida espiritual não
é assim. Seu avanço espiritual é reconhecido através da humildade,
da ausência de ego e da sabedoria que você manifesta.

"Se uma pessoa pretensamente espiritual se comporta de forma
muito egotista, não será respeitada pelos outros. Só conseguirá má
fama dentro da comunidade espiritual. Sabendo disso, a pessoa

aprende a reprimir sua raiva e todas as outras tendências negativas, e passa a agir e se comportar como se fosse espiritualmente madura. Aí a situação fica muito mais mental e sutil. Se você expressa essas tendências negativas externamente, a coisa existe em um nível mais grosseiro. Mas quando você conscientemente mantém isso escondido em seu interior e age de forma diferente por fora, a situação se torna sutil e muito perigosa.

"Quando você expressa seu ego exteriormente, pode ser prejudicial, mas em menor grau, porque, pelo menos, as pessoas não serão enganadas. Elas perceberão que você é egocêntrico e estarão alertas para a raiva, ódio e outros sentimentos negativos que você possa estar abrigando. Elas podem tomar cuidado e manter distância, se necessário. Mas o que acontece se você aprende a esconder seu ego com habilidade e a fingir ser um yogi? As pessoas ficam seriamente iludidas, o que seria uma verdadeira deslealdade. Mas tal hipocrisia não duraria muito. Ela não pode ser escondida por muito tempo, porque logo seu ego começará a se expor. O que é escondido, acaba se manifestando, mais cedo ou mais tarde, não importa o quanto se lute em contrário. É só uma questão de tempo.

"Parece com a situação da sogra e a chegada da nora recém--casada[11]. Ela dá à esposa do filho muito amor e atenção no começo. Não permite que a nora trabalhe na cozinha, limpe a casa ou faça qualquer trabalho externo, como se ela fosse uma pedra preciosa que seria desgastada se fosse muito usada. A sogra talvez diga coisas do tipo: 'Minha filha, nem pense nessas coisas! Há muitos outros na casa que podem executar esses serviços. Apenas sente e relaxe.' Quando a esposa do filho mais velho ouve a sogra dizer essas coisas para a novata, ela sorri, pois sabe que a sogra, em breve, começará a mostrar sua verdadeira natureza. E é isso exatamente o que acontece. Em uma semana ou duas, a mesma sogra, que estivera tão carinhosa e cuidadosa com a nora, estará gritando: 'Sua preguiçosa!

---

[11] Na Índia, é costume o casal recém-casado ir viver com a família do noivo.

Você acha que é a dona da casa? Não somos seus empregados! Vá limpar a cozinha!'

"Esse tipo de situação não é incomum nas famílias indianas, embora às vezes, o oposto aconteça e a família se torne vítima da jovem esposa. Durante as primeiras semanas, ela é muito meiga e amorosa, mas não tarda muito para sua verdadeira natureza emergir.

"É isso que acontece com as pessoas que escondem seu ego apenas para conquistar as pessoas e passar a controlá-las. Elas podem ser bem sucedidas por algum tempo, mas o ego logo se manifestará. Sua verdadeira natureza se expressará por conta própria.

"Uma pessoa que usa uma falsa máscara de espiritualidade não sabe o terrível mal que está fazendo. Está liderando de forma errada os outros e também pavimentando o caminho de sua própria destruição. Pessoas sinceras podem ser presas dessa decepção. E quando se derem conta disso, perderão a fé. A partir de então, terão suspeitas de tudo o que se relacionar com a espiritualidade. Terão dúvidas até mesmo de Mestres genuínos.

"Pensem no imenso mal que esses ditos líderes espirituais estão fazendo à sociedade e à raça humana. O ego desse tipo de pessoa é muito sutil, e é difícil livrar-se dele. O líder se acha o máximo. Isso acontece naturalmente, porque ele fica orgulhoso com as grandes multidões que freqüentam suas palestras e com os elogios que as pessoas despejam sobre ele. As pessoas dizem: 'O senhor é tão grande e inteligente! Como o senhor é eloqüente! O senhor tem uma presença tão marcante!' Com todo esse elogio e adoração, ele começa a achar que é o máximo. Esse pensamento penetra cada vez mais nele, e quanto mais fundo, mais sutil se torna. Ele aprende a escondê-lo e a finge ser superior. Mas não levará muito tempo para aquilo que se encontra escondido ser revelado externamente. Essas pessoas são facilmente enganadas por outros e, algumas vezes, até agem de forma tola."

A Amma intoxicada de bem-aventurança

Havia nuvens no céu, parecia que ia chover. O som das ondas do mar estava se avolumando. Um vento frio começou a soprar. A Amma elevou o olhar para o céu e logo ficou profundamente absorvida em um humor espiritual. A essa altura, o Sol estava completamente coberto por nuvens escuras de chuva. Embora fossem apenas onze e meia da manhã, parecia como se a noite estivesse se aproximando. Logo começou a chuviscar. Bri. Gayatri desceu com um guarda-chuva e o segurou sobre a Amma. Os residentes não se moveram, continuaram sentados na chuva, perto da Amma. Em poucos segundos, a chuva caía, mas a Amma continuava sentada no mesmo lugar, com o olhar ainda voltado para o céu.

Alguns minutos depois, a Amma levantou-se, andou na direção da chuva e começou a brincar como uma criança. Ela pulou e dançou em círculos, parando de quando em quando, sob a forte chuva, para olhar o céu. Ela ficava de pé com os braços estendidos, as palmas viradas para cima como se quisesse capturar as gotas de chuva em suas mãos. Todos os residentes estavam de pé, a uma curta distância, assistindo a bela cena.

A Amma agora estava completamente ensopada; Gayatri, de pé ao Seu lado, com o guarda-chuva fechado em suas mãos. De repente, a Amma juntou Suas palmas sobre a cabeça e começou a girar. Conforme Ela fazia isso, recitava os seguintes versos:

Anandam Saccitanandam
Anandam Paramanandam
Anandam Saccitanandam
Anandam Brahmanandam

O êxtase da Existência/Consciência Pura
O êxtase da Suprema Bem-Aventurança
O êxtase da Existência/Consciência Pura
O êxtase da Absoluta e Indivisa Bem-Aventurança

Muito tempo depois de a música acabar, a Amma continuava rodando. Suas palmas ainda estavam juntas sobre a cabeça e seus olhos continuavam fechados. Não havia sinal de que Ela tivesse qualquer consciência do corpo. Ela fora transportada para outro mundo. Seu rosto estava radiante e encantador. Havia um belo sorriso divino em Seus lábios e, enquanto continuava Sua dança, a água da chuva escorria por Seus longos cabelos negros, cascateando por Sua face. Ninguém sabia o que fazer. Alguém sugeriu que a carregassem para dentro, mas Br. Balu achou que ninguém deveria tocá-La enquanto estivesse naquele estado de êxtase. A chuva continuava a cair com força, e os residentes estavam cada vez mais ansiosos. Bri. Gayatri, que estava sentada perto da Amma no chão ensopado, tentando protegê-La com o guarda-chuva, insistiu que deveriam levá-La para dentro. Finalmente, todos concordaram e fizeram o que ela aconselhara.

Assim que a Amma foi levada para o quarto, e Gayatri pediu a todos que saíssem para que ela pudesse tirar as roupas molhadas da Amma. Todos saíram imediatamente, e a porta foi fechada. A Amma permaneceu em samádi por um longo tempo.

O que se pode dizer a respeito de uma personalidade tão misteriosa, que em um momento é o Grande Mestre, no outro, uma inocente criança e, depois, de novo, em poucos segundos, se refugia no mais alto estado de samádi?

Por sua constante absorção em Brâman, liberto do sentido de realidade dos objetos externos, apreciando apenas em aparência esses objetos quando lhe são oferecidos, como um sonâmbulo ou um bebê, percebendo o mundo como algo visto em sonho e o reconhecendo apenas vez ou outra, tal ser é verdadeiramente raro. Ele aprecia frutos de inúmeros méritos e é realmente considerado abençoado e reverenciado na Terra.

Vivekachudamani

Capítulo treze

A divindade não pode ser emprestada

A história de Paundra Vasudeva

Naquele dia, a Amma estava sentada na pequena sala que servia de biblioteca. A questão sobre a sutileza do ego espiritual foi abordada novamente. Um dos *brahmacharins* perguntou: "Amma, ontem, quando a Senhora falou sobre a sutileza do ego de uma pessoa espiritual, mencionou que algumas vezes essas pessoas podem chegar a agir como tolas. Como podem chegar a esse extremo?"

Amma: "Filhos, por que não? Quando as pessoas se deixam levar por seu desejo de ser famoso e admirado pelos outros, elas, às vezes, agem de forma tola, porque quando a mente fica obcecada por algo, perde seu senso de discernimento. A mente perde a clareza, e você se transforma num instrumento nas mãos das outras pessoas. Em seu desejo de ser reconhecido por sua grandiosidade e de ser admirado e elogiado pelas pessoas, você perde o poder de expressar-se espontaneamente, e o seu comportamento fica pouco natural. Você pode começar a achar que o que os outros pensam a seu respeito é verdade e que, a menos que você aja de certa forma, não mais será considerado tão grande assim. E aí, acaba agindo de forma tola. Quando você está hipnotizado pela admiração que lhe é creditada pelos outros, mesmo se alguém lhe der um excelente conselho, não adiantará nada, pois não será capaz de enxergar a verdade.

"Filhos, vocês conhecem a história de Paundra Vasudeva, que fingia ser Krishna? Paundra Vasudeva era o rei de um país chamado Karurusha, na época em que Krishna governava Dwaraka. Paundra era muito apegado a seu papel de rei e tinha um intenso desejo de ser adorado por seus súditos. Tanto ele quanto o rei de Kashi eram contra Krishna. Eles tinham ciúmes da fama de Krishna e da forma como as pessoas o adoravam e cultuavam. Em seu imenso desejo por fama e reconhecimento, Paundra, com a ajuda do rei de Kashi, elaborou um plano contra o Senhor. Eles declararam publicamente que Krishna de Dwaraka era falso e que não era a verdadeira encarnação do Senhor Vishnu. Depois, eles disseram que o verdadeiro Krishna, a verdadeira encarnação de Vishnu, era o próprio Paundra.

"Quando as pessoas ouviram isso, disseram que, se o rei Paundra era a verdadeira encarnação do Senhor Vishnu, ele devia ter os sinais divinos, a saber: a concha, o disco, o cetro e a flor de lótus em suas quatro mãos sagradas. Em resposta, Paundra, que a essa altura, começara a acreditar que era realmente o Senhor Vishnu, em certas ocasiões, fixava dois braços de madeira em seus ombros, para parecer ter quatro braços, exatamente como o Senhor Vishnu. Ele também lembrava de carregar réplicas dos quatro sinais sagrados. Paundra estava tão envolvido em sua mentira que até mandou fazer um Garuda[12] de madeira. Infelizmente, a águia de madeira não podia voar, então foi colocada sobre a carruagem real. Paundra mandou sua mulher se vestir como a Deusa Lakshmi e os dois passeavam pela cidade, abençoando as pessoas do topo da águia de madeira. Paundra se tornou motivo de riso por todo o país. Muitas pessoas obviamente achavam que havia enlouquecido.

"Os súditos de Paundra que admiravam o Senhor Krishna ficaram com raiva dessa declaração descabida e desavergonhada de seu rei, mas não ousaram dizer nada contra ele de forma direta. Em vez disso, riam-se dele com comentários em voz alta sempre que o viam nas ruas, montado em sua peculiar carruagem. Eles diziam: 'Nosso rei realmente se parece com Krishna! Ele deveria usar a coroa com a pena de pavão e segurar a flauta em suas mãos. E como seria encantador se seu corpo fosse azul escuro! Na verdade, ele deveria pedir todas as armas divinas que o falso Krishna de Dwaraka carrega. Aquele Krishna não tem direito às armas. Afinal de contas,

---

[12] A águia divina, Garuda, é o vahana (veículo) dirigido pelo Senhor Vishnu.

elas não lhe pertencem. O verdadeiro dono é o nosso rei, o grande Paundra Vasudeva!'

"Sempre que Paundra saía, escutava comentários desse tipo. Até mesmo as pessoas que lhe eram mais chegadas – a família real e todos os seus cortesãos – começaram a fazer tais observações. Ele ficou tão afetado pelo que ouvia que pintou o corpo de azul e começou a se vestir como Sri Krishna. Ele circulava ostentando uma réplica exata da vestimenta de Krishna, segurando uma flauta em suas mãos, embora não soubesse tocar o instrumento. Gradualmente, chegou a ponto de acreditar que realmente era Vishnu ou Krishna. Algumas vezes, era Vishnu e, em outras, Krishna.

"Mas o drama ainda não havia terminado. Considerando os comentários de seus súditos como verdade, ele queria conseguir todas as armas divinas de Sri Krishna. Conseqüentemente, mandou um mensageiro a Dwaraka dizendo: 'Vaqueiro, você não é nada além de uma farsa. Entregue-me todas as armas divinas, inclusive o disco divino, que me pertence por direito – eu, o Krishna real, a verdadeira encarnação do Senhor Vishnu – ou esteja preparado para morrer no campo de batalha.'

"Quando Krishna recebeu a mensagem, Ele disse: 'Muito bem, contudo Eu gostaria de entregar as armas pessoalmente. Peça a Paundra para vir recebê-las.' Sri Krishna queria ensinar ao rei imprudente uma boa lição.

"Paundra chegou ao local de encontro com todo seu exército, preparado para lutar, se necessário. Ele usava as indumentárias do Senhor Vishnu. Quando Paundra e seu exército chegaram, Sri Krishna já o esperava. Assim que Paundra viu Krishna, gritou o mais alto que pôde: 'Seu impostor! Não tente Seus truques comigo! Entregue as armas divinas e o disco ou esteja preparado para morrer!' Na batalha que se seguiu, Sri Krishna destruiu o exército de Paundra por completo. Quando tudo terminou, Sri Krishna postou-se de pé, segurando o disco divino com o dedo indicador. Com um sorriso matreiro, Ele disse: 'Paundra, Eu não vim por outra razão senão para lhe entregar essa arma. Aqui vai ela! Pegue-a, é sua!' Com essas palavras, Krishna soltou o disco divino de Seu dedo.

"Vocês podem imaginar o que aconteceu. O disco cortou o pescoço de Paundra, e ele caiu morto no chão.

"Dessa forma, o apego tolo do rei pela fama e pela autoglorificação foi destruído pelo Senhor Krishna, o Mestre Perfeito, e Paundra foi libertado do ego que havia criado."

Pergunta: "Isso quer dizer que somente um Mestre Perfeito pode salvar uma pessoa da armadilha de um ego sutil?"

Amma: "Exato. Uma arma extremamente poderosa como o disco divino é necessária para penetrar no ego sutil. Mas essa arma está sob o controle único do Mestre Perfeito. É a arma do conhecimento verdadeiro, a arma da onisciência, onipotência, onipresença do Mestre.

"Uma pessoa que tem um desejo louco por fama, poder e prestígio vai querer pegar tudo no mundo. Ela vai se tornar tão tola que talvez até declare: 'Sou a melhor e portanto tenho direito a tudo.' Ela vai perder seu poder de discernimento e ficará completamente nublada por seus pensamentos de poder e glorificação pessoal.

"As pessoas que se cegam dessa maneira estão mais propensas a esquecer de Deus. Em sua louca busca para ganhar o respeito e admiração dos outros, elas, às vezes, desafiam Deus. Mas quando fazem isso, também se expõem.

"A divindade não pode ser emprestada ou imitada. O amor divino e outras qualidades divinas não podem ser imitadas."

Capítulo quatorze

Era a noite de uma grande ocasião festiva, o festival especial de Tiruvatira, celebrado por todo o Estado de Kerala. Na Índia, o Senhor Shiva e a Deusa Parvati são considerados o Pai e a Mãe Universais. No dia de Tiruvatira, as mulheres casadas fazem jejum, durante o qual oram pelo bem estar de seus maridos. Também faz parte da tradição ficarem de vigília nessa noite, orando e cantando a glória de Shiva e Parvati.

Um grupo de senhoras idosas da aldeia e algumas mulheres que estavam hospedadas no *ashram* formaram um círculo no jardim em frente ao templo. Elas estavam prestes a começar a celebração com a Tiruvatirakali, uma dança folclórica antiga e tradicional apresentada pelas mulheres de Kerala.

Todos os residentes do *ashram* estavam sentados em frente ao templo. A Amma estava sentada sob uma árvore, cercada por uma dúzia de crianças. Algumas delas eram da vizinhança, outras eram filhas dos devotos. A Amma estava brincalhona. Podia-se ouvir o som de risadas e conversa em voz alta vindo de Sua direção. Todos estavam mais interessados no que a Amma estava fazendo do que em assistir a dança. Embora os olhares estivessem fixos na Amma, todos ficaram instintivamente a certa distância, para não perturbar a linda cena dela com as crianças.

As mulheres mais velhas, nesse instante, começaram a cantar e dançar. Elas entoavam *Thirukathakal Padam*...

Ó Deusa Durga, Ó Kali
Remove meu destino ruim.
Todo dia, imploro para receber uma visão
Da Tua forma.

Deixe-me cantar para louvar Teus atos sagrados
Por favor, dá-me essa benção

E, quando eu cantar as Tuas glórias
Por favor, vem ao meu coração.

Ó, Essência dos Vedas,
Eu não conheço os métodos de meditação
E à minha música falta melodia.
Tem misericórdia de mim
Deixa-me imergir em Bem-Aventurança.

Tu és o Gayatri,
Tu és fama e Liberação,
Kartyayani, Haimavati e Kakshayani[13]
Tu és a própria alma da Realização
Meu único refúgio.

Ó Devi, dá-me o poder de falar
Sobre as idéias essenciais.
Eu compreendo que, sem Tu,
A personificação do Universo,
Shiva, o Princípio Causativo,
Não existiria jamais

Isto é "aquilo"

A música alcançou um ritmo acelerado. Nesse ponto, a Amma levantou-se do lugar onde estava sentada com as crianças e dirigiu-se para as mulheres que dançavam. Ela parecia muito entusiasmada e, ao mesmo tempo, divinamente inebriada, quando se juntou ao grupo que dançava. Havia uma expressão inocente em Seu rosto que A fazia parecer uma criança divina entre as mulheres que dançavam. As mulheres ficaram muito felizes em ter a Amma dançando com elas.

Em determinado momento da dança, as senhoras, de frente uma para a outra, batiam palmas. A Amma, que estava em outro

---

[13] Nomes da Devi (Deusa).

mundo, ainda dançava, mas o fazia de sua própria e divina maneira. Seus olhos estavam fechados e as mãos executavam *mudras* divinos. Depois de dançar com as senhoras por algum tempo, a Amma dirigiu-se para o meio da roda, onde continuou a dançar em êxtase, enquanto os devotos cantavam uma canção que glorificava a deusa Parvati.

Depois de algum tempo, a Amma parou de dançar e ficou quieta. Sua forma externa e Sua fisionomia irradiavam uma aura divina. Ela estava com a mesma aparência que demonstrava durante o *Devi Bhava*. Era evidente que ela ainda estava absorvida em Seu estado divino. Os devotos continuaram a dançar e cantar uma canção atrás de outra, até que, finalmente, a Amma sentou-se no chão, ainda introspectiva.

Os devotos tinham a forte sensação de que a Amma estava no *Bhava* da Deusa Parvati. Quem poderia saber? Talvez Ela estivesse revelando aquele estado para o bem dos devotos. Nada é impossível para uma alma que está unida ao supremo Brâman. Tal pessoa pode manifestar qualquer aspecto do Divino, a qualquer momento.

Quando a Amma finalmente retornou ao Seu eu normal, um dos devotos Lhe disse: "Amma, a Senhora nos passou a sensação de estar manifestando a divina deusa Parvati." A Amma apontou primeiro para si e depois para cima enquanto dizia: "Isto é Aquilo." Depois de uma pausa, Ela acrescentou: "Manifestado ou não, isto é Aquilo. Não confunda isto com o corpo. O corpo é só uma cobertura. O infinito existe além da cobertura."

A expressão incompreensível no rosto da Amma e as palavras que Ela proferiu pareciam estar vindo diretamente do plano mais alto da consciência. Bastava analisar mais profundamente e não era difícil discernir que a Amma, embora não diretamente, estava dizendo que Ela estava expressando a manifestação divina da deusa Parvati. O alcance de tal declaração foi tão profundo e penetrante que todos ficaram tocados nos recessos mais recônditos de seus corações.

A importância das qualidades femininas no aspirante

Passaram-se poucos minutos em silêncio, até que um visitante não conseguiu resistir à tentação de fazer uma pergunta.

Pergunta: "Amma, ouvi falar de dois tipos de discípulos: os que são predominantemente intelectuais e os que são mais femininos por natureza. Não acho que entendi isso de forma satisfatória. Poderia, por gentileza, esclarecer esse ponto?"

Amma: "A realização espiritual não pode ser obtida sem amor, devoção e uma abertura que permita receber o verdadeiro conhecimento de um Mestre real. Um aspirante predominantemente intelectual por natureza precisa tentar criar um equilíbrio entre o intelecto e o coração. Ele precisa ter um amor imenso por seu Mestre e, ao mesmo tempo, deve ter um entendimento apropriado da natureza onisciente do Mestre.

"Se você for intelectual demais, pode criar um desequilíbrio e se tornar muito egoísta. Intelecto é razão. Só faz dissecar e cortar em pedaços. Não pode unir. Não ajuda a fé e o amor a se desenvolverem, que são fatores essenciais para o crescimento interior do aspirante espiritual. Intelecto demais não é bom para o aspirante, porque perderá em amor e devoção por seu Mestre. Sem amor e uma atitude de auto-entrega e humildade, o Mestre não pode oferecer-lhe o verdadeiro conhecimento.

"Seria difícil disciplinar um aspirante predominantemente intelectual, a menos que um Mestre todo-poderoso estivesse com ele. Somente um Mestre perfeito poderia quebrar seu ego e trazer à tona a essência real que é sua verdadeira natureza. Assim talvez mantenha externamente suas qualidades intelectuais, mas, por dentro, será profundamente devocional. Haverá um perfeito equilíbrio entre as duas qualidades.

"Quando o Mestre trabalha no ego, este se torna útil ao mundo. Suas características são refinadas e moldadas e, pela Graça do Mestre, o ego fica sob perfeito controle.

"Quando o ego, sob a Graça do Mestre, está perfeitamente sob controle, o discípulo faz tudo em nome do Mestre. O Mestre faz tudo através dele e, o aspirante espiritual desaparece naquilo que faz. Sua atitude será: 'sou apenas um instrumento. Meu Mestre todo--poderoso faz tudo através de mim'. Ele atribui tudo ao Mestre e não aceita crédito por nada do que faz. Ao mesmo tempo, no entanto, sua mente é intrépida, tem tremenda coragem e a capacidade de assumir tarefas aparentemente impossíveis e levá-las até o fim.

"Contudo esse aperfeiçoamento, modelagem e reconstrução do ego do discípulo só pode ser feito pelo *satguru*. Se esse aspirante estiver sozinho ou se estiver sendo treinado por um guru imperfeito, apenas criará um desequilíbrio em sua natureza, de uma maneira ou de outra. Isso também fará muito mal aos outros e à sociedade como um todo. Ele logo tentará se tornar um guru. Talvez tente formar seu próprio grupo de discípulos e construir seu próprio ashram.

"Em Hanuman, o grande devoto do Senhor Rama, pode-se encontrar uma bela mistura de qualidades masculinas e femininas. Ele fez tudo em nome de Rama, seu Senhor amado, e ele não aceitou crédito por nada. Muito embora Hanuman tivesse conseguido executar tarefas muito difíceis, nunca ficou orgulhoso de nenhum de seus feitos. Pelo contrário, continuou sendo o humilde servo obediente de seu Mestre, Senhor Rama. 'Não por meu poder e força, mas pela Graça do Senhor Rama', era sempre a atitude de Hanuman.

"Discípulos com qualidades femininas são completamente diferentes. Eles não querem sair e pregar, nem querem atenção ou respeito. Eles nem sequer se preocupam em chegar à Realização. Seu único desejo é estar na presença física do Mestre e servi-lo. É esse o seu *tapas*. Não conhecem nenhuma espiritualidade maior do que essa. Para eles, não existe maior Verdade do que seu Mestre. "Meu Mestre, meu Mundo, meu Todo", é a sua atitude. O coração de tal discípulo está cheio de amor e anelo com relação a seu Mestre.

Esse relacionamento não pode ser explicado através da lógica ou da racionalização. Só pode ser comparado ao amor das gopis para com Krishna: Amor, amor e amor. Amor transbordante. É isso. Eles não se importam com mais nada."

A Amma, então, compartilhou uma história sobre um dos discípulos de Buda.

"Certo dia, um discípulo repentinamente desapareceu. Ninguém conseguia encontrá-lo em lugar algum. Sete dias se passaram. Contudo, ainda não se sabia onde estava. Então, um dia, Buda encontrou-o deitado no telhado do *ashram*. Buda sabia que ele estivera ali e que havia alcançado a iluminação. Buda segurou sua mão e disse: 'Eu sei que você alcançou o estado de *nirvana*.'

"O discípulo replicou: 'Meu querido Mestre, eu sei que aconteceu, não preciso de confirmação. Na verdade, estou temeroso de receber Sua confirmação, porque o Senhor me dirá: 'Agora que você alcançou o Nirvana, deve sair e pregar; espalhar a mensagem da Verdade pelo mundo.' Estou receoso, meu Senhor, porque preferiria muito mais ficar em Sua presença e permanecer no estado de ignorância do que ter que deixá-Lo e sair pelo mundo em estado de Realização."

"Essa é a atitude do discípulo que é dotado de qualidades femininas. Ele sempre permanecerá em profundo amor por seu Mestre. O coração de um discípulo feminino está tão preenchido de amor pelo Mestre que sempre deseja estar em Sua presença física. Esse é o propósito de sua vida. É a sua mais alta realização."

Um verdadeiro Mestre é o universo e mais

Pergunta: "Amma, eu A ouvi dizer que a prostração em profunda humildade diante do Mestre é o mesmo que prostrar-se diante de toda a existência. Por favor, diga-nos o que quis dizer com isso?"

Amma: "Filhos, somente quando a pessoa se torna totalmente sem ego, pode prostrar-se para toda a criação. Quando não existe ego, a pessoa vai além das limitações da mente e se torna o Eu onipresente. Quando você considera tudo como seu próprio Eu, só consegue prostrar-se e aceitar. Quando você vai além do ego, isso significa que se transformou em nada. Mas, assim como o espaço, você se torna tudo, se torna toda a criação.

"Certa vez Krishna estava brincando com Seus amigos quando era criança. Brincavam com todo tipo de coisas imaginárias, exatamente como as criancinhas fazem, e estavam se divertindo muito. Krishna ia comer com Seus amigos. Uma das crianças serviu uma refeição feita de areia para todos, fingindo que era arroz. A idéia era apenas fingir que estavam comendo, mas Krishna realmente comeu a areia. O irmão mais velho de Krishna, Balaram, e os outros imediatamente correram e contaram o que acontecera à Yashoda, Mãe adotiva de Krishna. Yashoda agarrou Krishna e pediu que abrisse a boca. Quanta surpresa! Ela viu todo o universo ali dentro. Viu o Sol, a Lua, as estrelas, a via Láctea e todas as galáxias. Viu as montanhas, vales, florestas, árvores e animais. Yashoda vislumbrou todo o universo dentro de Krishna.

"Fato semelhante aconteceu durante a batalha de Kurukshetra, quando Krishna transmitiu o grande sermão do *Bhagavad Gita* à Arjuna. Arjuna expressou o desejo de vislumbrar a forma universal do Senhor e viu todo o universo dentro da forma do Senhor Krishna. Viu até mesmo as forças dos Kauravas e Pandavas no corpo do Senhor.

"O que isso significa? Quer dizer que o universo inteiro está contido dentro do Mestre verdadeiro. Krishna " era um Mestre autêntico, e um Mestre verdadeiro é Deus; sua Consciência é una com a Consciência Universal. Aquela Consciência é única e a mesma que brilha dentro e através de toda a criação. Um Mestre grande assim tem um número infinito de corpos, um número infinito de olhos. Ele vê, ouve, fareja, come e respira através de cada corpo. Ele é o infinito propriamente dito. Render-se a esse Mestre em total humildade é o mesmo que se entregar a toda a existência e prostrar-se perante toda a criação.

"Nesse estado, você entende que nada é diferente ou separado de você. Prostrar-se para toda a criação é também um estado de total aceitação. Você pára de lutar com as situações que surgem em sua vida. Você luta e briga somente quando tem um ego, somente quando está identificado com o corpo. Quando você joga fora os grilhões do ego, não é mais possível lutar. Você só consegue aceitar.

"Enquanto uma pessoa egoísta considera a todos, exceto a si própria como sendo tolos ignorantes, um verdadeiro *mahatma* considera a todos como uma extensão de si mesmo. No estado de Realização do Ser, não se pode rejeitar nada – só se pode aceitar. O espaço aceita tudo – bom ou ruim. Um rio aceita tudo, e o oceano também. Você pode acomodar qualquer coisa e tudo ao mesmo tempo, quando se torna tão vasto quanto o universo. Quando a sua mente e ego desaparecerem, você se torna o infinito.

"O espaço e a natureza aceitam o ar poluído das fábricas, tanto quanto a fragrância doce das flores. Eles abraçam tudo. Da mesma forma, o verdadeiro *mahatma* recebe bem a tudo, tanto negativo quanto positivo. Ele aceita a todos e, em razão de seu amor incondicional e infinita compaixão, oferece somente graça e bênçãos em troca.

"Filhos, já ouviram essa história? Uma moça solteira, certa vez, teve um filho. No princípio, não quis revelar a identidade do pai, mas, depois de ser questionada muitas vezes, finalmente apontou um Mestre espiritual altamente respeitado, que vivia nas redondezas da aldeia. Os pais da menina, seguidos pelos moradores da aldeia, invadiram a casa do Mestre. Insultaram-no, espancaram-no e acusaram-no de hipócrita. Trouxeram o bebê até ele e o mandaram cuidar da criança. O Mestre tomou o bebê em seus braços, olhou com amor para ele e disse: 'Muito bem, assim seja'.

"A partir dali, o *mahatma* cuidou da criança com grande atenção. Tratava-a com tanto amor e carinho quanto uma mãe com seu próprio filho. A reputação do Mestre fora arruinada. Todos os habitantes da aldeia e até seus discípulos se afastaram dele. Ainda assim, mesmo após todos terem-no abandonado, o Mestre disse calmamente: 'Muito bem, que assim seja.' Um ano se passou. A garota que havia dado à luz ao bebê, estava tendo problemas com sua consciência culpada e, finalmente, confessou que o pai da criança era *o* jovem vizinho e não o santo inocente. Seus pais, os moradores da aldeia e os discípulos ficaram cheios de remorso. Todos procuraram o *mahatma* e caíram a seus pés, pedindo perdão. Pediram também que ele devolvesse a criança. O imperturbável *mahatma* sorriu, enquanto lhes entregava a pequena. Ele abençoou a todos e, mais uma vez, disse calmamente: 'Muito bem, que assim seja.'

"Essa é a postura de um *mahatma* legítimo. Ele se inclina diante de toda a existência. Não é sua natureza rejeitar nada. Ele não diz não para a vida ou para qualquer das experiências da vida. Ele simplesmente diz sim a tudo que a vida lhe traz. Não amaldiçoa ou se vinga, somente perdoa e abençoa.

"Com exceção dos seres humanos, toda a criação é um exemplo de gratidão ao Criador pelas bênçãos infinitas que Ele despeja sobre ela. Até mesmo os pássaros e os animais vivem suas vidas em gratidão. Nada se afasta de sua própria natureza, seja do reino vegetal ou animal. Tudo vive de acordo com as leis da natureza.

"Os seres humanos, no entanto, que se dizem inteligentes, estão infringindo a lei e perturbando a harmonia da natureza. Eles perturbam a vida de outros seres vivos e de outros aspectos da criação.

"Deus abençoou o homem com abundância, mas o homem transforma tudo em maldição. Essa vida é uma bênção maravilhosa. Nossa mente e os membros de nosso corpo, nossa saúde e nossas riquezas – são bênçãos conferidas por Deus. Mas o que estamos fazendo com elas? Usamos nossas mãos para perpetrar erros, nossas pernas nos levam a lugares proibidos, usamos nossos olhos para ver coisas feias, com nossas mentes fazemos planos antiéticos e pensamos mal dos outros e usamos nosso intelecto para inventar coisas destrutivas e, qualquer riqueza que tenhamos, a usamos somente para nossos propósitos egoístas. Transformamos a vida em uma maldição para nós mesmos e para os outros.

"Todas as criaturas, certa vez, procuraram o Senhor Brâman, o Criador. Todas tinham um intenso desejo de escapar da tristeza e do sofrimento da vida. O porco adiantou-se primeiro. Com lágrimas rolando por seu rosto, ele implorou ao Senhor: 'Ó, Senhor de toda a criação, existe alguma saída para este sofrimento? Existe alguma esperança para a minha espécie?' O Criador moveu a cabeça afirmativamente e disse: 'Sim, minha criança. É claro.' Em seguida, veio o touro, o cachorro e o elefante. Todos choravam e pediam a mesma coisa. E, para todos eles, o Criador dizia: 'Existe esperança para todos vocês.' Depois, o homem se aproximou com o mesmo pedido. O Senhor Brâman olhou para ele e, de repente, o próprio Criador caiu em choro."

O desfecho foi seguido de risadas retumbantes.

Quando os risos cessaram, a Amma disse: "Hoje é Tiruvatira. Devemos cantar em louvor a Shiva e Parvati. Portanto, vamos cantar e dançar." A Amma, então, espontaneamente começou a cantar uma canção em estado exaltado de devoção suprema. Todos corresponderam com grande amor e entusiasmo. A canção, *Indukaladhara*, glorifica o Senhor Shiva e a Deusa Parvati. A Amma cantou o refrão repetidamente, em ritmo bastante acelerado.

Shambho Shankara Shambho Shankara
Shambho Shankara Shiva Shambho

Ó Senhor Shiva
Que carregais a lua crescente em Vossa cabeça,
Que mantendes o sagrado Ganges
Nos cachos de Vossos cabelos,
Cujo corpo é adornado com serpentes
E cuja fragrância é divina,
Eu me prostro aos pés sagrados
Desse Senhor Supremo.

Ó Senhor, que sois a Causa Primordial
Que sois extremamente compassivo
Com Vossos devotos,
Ó grande Deus
Que concedeis méritos auspiciosos
Que segurais o tridente
E cujos Pés são adorados
Também pelos seres celestiais
Ó Destruidor de todas as aflições
Shambo Shankara...

Ó Senhor do Universo
Eu me refugio aos Vossos pés
Ó Senhor, Amado de Parvati
Ó Senhor compassivo
Removei meus sofrimentos sem fim
E me concedei refúgio
Aos Vossos Pés.

Todos pareciam estar em êxtase. A certa altura, a Amma se levantou e começou a dançar, e todos fizeram o mesmo. Os devotos batiam palmas e cantavam em voz alta, formando um círculo perfeito ao redor da Amma. A Amma permaneceu no meio do círculo, dançando em bem-aventurança suprema.

Viver com um grande Mestre é uma experiência indescritível. É como um festival constante, e cada momento é uma celebração. A palavra festival em sânscrito é *utsavam*. A palavra original é *utsravam*, que significa levantar e fluir ou transbordar. Todos os festivais simbolizam o transbordamento da bem-aventurança pura e da consciência, especialmente os que são celebrados nos templos, que simbolizam o fluir de bênçãos e de energia espiritual. A energia espiritual, criada através da oração, meditação, adoração e cânticos, preenche todo o espaço do templo. Então, se eleva além das paredes e flui para toda a aldeia ou cidade onde está situado, purificando todo o ambiente. Essa é a idéia por trás dos festivais celebrados nos templos todos os anos.

Na presença da Amma isso acontece incessantemente, pois Sua presença é um fluxo ininterrupto de energia divina, que transborda de Seu Ser para os corações dos devotos. Eles vivenciam essa energia divina e a absorvem. Isso era o que estava acontecendo e o que acontece sempre.

A dança e o canto continuaram até que a Amma, de repente, saiu do círculo e andou até o lado sul do *ashram*, ficando próxima à beira do canal. As mulheres imediatamente pararam de cantar, como se um interruptor houvesse sido acionado. Todos se viraram para ver o que a Amma ia fazer, mas ninguém A seguiu, porque Ela deu a impressão de querer ficar sozinha. Um dos *brahmacharins* mais antigos pediu a todos que meditassem. Dentro de minutos, todos se dispersaram, e toda a noite foi passada em meditação e oração.

Capítulo quinze

O apego à forma física do satguru é importante?

Amma estava respondendo a uma pergunta feita por um devoto do Ocidente.

Pergunta: "Amma, algumas pessoas são muito apegadas à Sua forma externa. Têm tanto amor pela Senhora, que possuem um desejo intenso de estar em Sua presença física. Por outro lado, existem outros que não têm esse tipo de anseio, embora realmente desejem realizar Deus. Eles A amam, mas são da opinião de que estar apegado à Sua forma irá causar dor e, por causa disso, permanecem afastados. Amma, eu me perguntava se é absolutamente necessário estar apegado à forma física do Mestre, ou se é suficiente ter o desejo de realizar Deus, sem ser apegado à forma externa?"

Amma: "A característica mais importante de um verdadeiro *sadhaka* é a atitude de completa entrega e aceitação. Nos estágios iniciais do caminho espiritual, é difícil se render e aceitar tudo, especialmente se não houver ninguém ali para guiá-lo, alguém que sirva de exemplo. Deve-se ter pelo menos o desejo de entrega. Mas pode ocorrer confusão com relação a quem ou a quê se entregar. Como isso pode ser feito? Até que você alcance a Realização, só poderá ter uma vaga idéia dos aspectos da espiritualidade. Sua mente, irrequieta e cheia de suspeita, sempre levantará dúvidas. Se não houver ninguém ali para guiá-lo, ficará confuso e facilmente se enganará, sem saber a quem recorrer.

"Então, para começar, surge a necessidade de um Mestre autêntico. Alguém a quem você possa se dirigir e aprender, através do exemplo, sobre a entrega e a aceitação. A entrega e a aceitação não são coisas que podem ser simplesmente ensinadas. Não se pode aprendê-las apenas pelo estudo de livros, numa escola ou na universidade. Elas se desenvolvem em você pela tremenda inspiração recebida com a presença física do Mestre, pois ele é a personificação de todas as qualidades divinas.

"No Mestre, você observa a verdadeira entrega e aceitação e, portanto, recebe um exemplo real, algo tangível. A presença transformadora e imensamente inspiradora do Mestre cria um profundo amor dentro de você para com o Mestre e um forte laço se desenvolve entre vocês. A entrega e a aceitação em geral nascem quando o amor puro surge internamente."

Como uma cuidadosa mãe

"Nos estágios incipientes do amor espiritual, existe a seguinte atitude: 'Eu sou Seu devoto, discípulo, servo ou amante e o(a) Senhor(a) é meu Senhor, Mestre ou Bem-Amado.' Nesse período inicial, você está cheio de amores por seu Mestre e, portanto, não consegue ir além da forma. Está tão ligado à forma externa do Mestre que não quer ir além disso. Esse é o estágio preliminar, você está aprendendo, lentamente, a entrega e a aceitação, mas o aprendizado ainda não está completo. Espiritualmente, você é só um bebê recém-nascido, pois não sabe nada a respeito do mundo da espiritualidade.

Da mesma forma que um neném bebe somente o leite do peito materno e nada conhece, a não ser o calor do colo da mãe, o bebê espiritual em você conhece apenas a forma e a proximidade física de seu Mestre. Até onde você consegue alcançar, todo o mundo da espiritualidade se resume à forma externa do Mestre, e você fica extremamente ligado a isso. Você precisa da presença física e do calor de seu Mestre e sempre almejará isso.

"Da mesma forma que o choro é o único meio que o bebê tem para satisfazer seus desejos, nos primeiros estágios da espiritualidade, a única forma de demonstrar seus sentimentos é através das lágrimas que derrama em razão de seu anseio intenso. O Mestre irá conquistá-lo com Seu amor e tornar-se-á o foco central de sua vida. Nessa experiência de amor divino e incondicional, você não tem nada a dizer. Apenas derrama lágrimas silenciosas de amor e anseio pela presença física do Mestre.

"Como um bebê espiritual, você nasce em um mundo totalmente estranho e desconhecido. Um neném necessita do calor e do leite materno. A mãe conhece os desejos de seu filho e fará tudo o que puder por ele; seus seios espontaneamente se enchem de leite para a criança, sempre que esta tem fome. A mãe, intuitivamente, sabe se o bebê está sentindo dor ou desconforto. Se o bebê estiver molhado ou sujo, ela o banhará e mudará suas roupas. A criança dorme ouvindo o som da voz de sua mãe, enquanto esta lhe canta uma bela canção de ninar.

"Portanto, o bebê não pode viver sem sua mãe. A mãe ou a pessoa que assume esse papel é absolutamente necessária para o crescimento saudável da criança. Uma mãe de verdade não só nutre o corpo como também a mente do filho. O universo do pequeno orbita em torno de sua mãe. Ele depende completamente dela. Para ele, a mãe é o ser mais bonito do mundo. Por ser tão ligado a ela, todos os seus sonhos e fantasias têm a mãe como tema central.

"De maneira semelhante, o Mestre espiritual é tudo para o *sadhaka* no início de sua vida espiritual. Não é exagero afirmar que o Mestre é tudo para o discípulo verdadeiro, mais até do que Deus.

"Assim como a mãe é o mundo do bebê, um Mestre genuíno é tudo para o discípulo principiante, considerado um bebê no caminho espiritual. E o Mestre tem ainda mais cuidado com seu bebê espiritual do que a mãe com seu recém-nascido.

"Nos primeiros estágios da espiritualidade, o discípulo assume o papel de um filho em relação ao Mestre. Para o discípulo, tudo sobre a espiritualidade pode se resumir em: 'Meu Mestre, meu Tudo no todo.' Toda sua imaginação e todos os seus sonhos sobre espiritualidade são tecidos em torno do Mestre. O discípulo fica extremamente apegado ao seu Mestre, sempre desejando seu amor e carinho, sua atenção e calor, sempre querendo estar em sua presença física. Ele não consegue imaginar um mundo sem seu Mestre. Esse é um sentimento muito espontâneo e natural da parte do devoto ou discípulo.

"Um neném, entretanto, deixa de ser neném, pois cresce sob o cuidado amoroso da mãe. Da mesma forma, o bebê espiritual cresce sob a orientação do Mestre, mas esse crescimento é interno. Conforme a criança espiritual cresce, a mãe dentro do Mestre gradualmente se torna pai, e o disciplinador dentro do Mestre é evocado. Essa disciplina tem o objetivo de ensinar ao discípulo o desapego, a auto-entrega e a aceitação, não só com relação à forma externa do Mestre, mas também com relação a toda a criação. O Mestre não é só o corpo – Ele é o poder que brilha dentro e através de tudo e, portanto, ele ensina o discípulo a curvar-se em humildade perante toda a criação. Esse treinamento serve para tirar o discípulo da limitação mental para um nível mais alto, permitindo que vivencie tudo de maneira mais ampla. Ele, então, se dará conta de que tudo na existência não passa de Seu próprio Mestre. Através desse treinamento, ficará gravado no discípulo que o Mestre não é só a forma física, mas a Consciência Única que permeia toda a criação.

"Conforme o discípulo cresce e amadurece, o Mestre permite que ele se torne cada vez mais independente, ou seja, dependente de seu próprio Eu Superior.

"No estágio mais avançado do amor, o amante e o bem-amado se tornam um. Depois disso, chega o estado onde não há amor, amante e Amado. Esse estado está além das palavras. É para esse estado que o Mestre, finalmente, leva o discípulo.

"A forma de ser de um Mestre autêntico está muito além das palavras. Diferente do tipo de mãe que encontramos no mundo, um Mestre verdadeiro nunca prende o discípulo junto de Si. Pelo contrário, ele leva o discípulo para além de todas as limitações e apegos do corpo e o torna completamente independente e livre. O apego ao corpo do Mestre, eventualmente, levá-lo-á ao completo desapego e liberdade. Embora o discípulo sinta-se apegado à forma externa do Mestre nos seus estágios preliminares de desenvolvimento, não se pode classificar isso de escravidão. Duas pessoas que habitam o plano físico podem se apegar uma a outra, mas um Mestre genuíno não pode prender ninguém, pois Ele não é o corpo. Ele não é pessoal da forma como vemos nossos amigos e outras pessoas. "O Mestre tanto é pessoal como impessoal. A escravidão existe se você está apegado somente ao corpo da pessoa. Quando você ama a forma externa do Mestre, não está amando um indivíduo limitado, está amando a Consciência Pura. O Mestre irá gradualmente revelar isso para você. Na medida em que você crescer internamente, ou seja, conforme sua consciência da natureza verdadeira do Mestre se aprofundar, gradualmente, você vai vivenciar a natureza onipresente dele. Você saberá que o Mestre não está limitado ao corpo, que Ele é o *Atma Shakti* emanante em todas as coisas. O próprio Mestre irá, finalmente, ajudá-lo a ir além da escravidão. É por isso que Amma diz que o seu apego pela forma externa do Mestre nunca poderá atá-lo."

Um verdadeiro Mestre destrói toda dor

Pergunta: "Amma, a Senhora está dizendo que o apego à forma externa do Mestre é necessário? Mas e toda a dor que as pessoas comentam, a dor relacionada ao apego ao Mestre?"

Amma: "Amma não entende os conceitos estranhos que as pessoas possuem. Você está dizendo que, se há alguma dor em apegar-se à forma física do mestre, então, a pessoa não vai querer criar esse tipo de ligação. Filho, você pode mostrar para a Amma alguém que não sofra no mundo? As pessoas sofrem dor constante, seja física ou mental. Pergunte a qualquer um no mundo e eles lhe dirão: 'Meu corpo está sofrendo tanto', ou 'Meus sentimentos estão feridos', ou 'Tal e tal pessoa não me trataram com respeito e sinto-me insultado'. Diga para Amma quem não sofre! As pessoas estão sofrendo por dentro e por fora. O que você sabe sobre a dor? A dor não envolve apenas sofrimento físico. As feridas internas são muito mais dolorosas. Não existe lógica em afirmar que o anseio pela forma externa do Mestre vai gerar dor. Você carrega profundas marcas em seu interior, que foram causadas pelo passado. Todas essas marcas e a dor que elas originam resultam de seu apego excessivo aos prazeres mundanos. Você não se incomoda com o pus de suas feridas infeccionadas e com a dor gerada por isso. Nenhuma dessas feridas foi curada. Ninguém as pode curar, porque você carrega essas marcas e tendências de suas vidas pregressas. Elas não são só desta vida. Nenhum médico ou psicoterapeuta poderá curá-las. Eles não podem penetrar tão fundo em sua mente para remover essas feridas. Suas feridas e tendências residem profundamente dentro de você. Elas são muito antigas e o corroem lentamente por dentro.

"As pessoas recorrem a especialistas para diminuir sua dor interior, mas todos os especialistas do mundo, médicos, cientistas, psicólogos etc. são pessoas que habitam em suas próprias mentes, dentro de um pequeno mundo criado por seus egos. Se eles mesmos ainda não penetraram em suas próprias mentes, como poderão penetrar a dos outros? Enquanto estiverem envolvidos com suas mentes e egos, como poderão ajudar os outros a irem além da mente e do ego? Eles também têm feridas profundas e tendências, assim como você. Tais peritos não poderão ajudá-lo a curar suas feridas e a remover sua dor. Somente um Mestre autêntico, totalmente livre de tais limitações e que está além da mente, poderá entrar em sua mente e tratar de todas aquelas feridas abertas e remover todas as suas fortes tendências e velhos hábitos.

"É muito estranho você dizer que existem pessoas que não querem se conectar com a forma do Mestre porque isso geraria dor. Você já está passando por uma dor tremenda. Na verdade, você é a própria personificação da dor profunda e agonizante. A ligação com a forma do Mestre não poderá causar qualquer dor, porque Ele não é um objeto nem um corpo ou um ego. Ele está além. Ele não poderá, de maneira alguma, machucá-lo ou impor-lhe nada. Ele é como o espaço, o céu sem fronteiras - o espaço não pode ferir você. Portanto, não projete suas idéias preconceituosas sobre o Mestre, nem tente julgá-lo. A mente, por natureza, induz ao erro e é incapaz de fazer qualquer julgamento digno de nota. Todos os seus conceitos e julgamentos pertencem à mente e nada têm a ver com o Mestre Perfeito, que está além da mente. A mente pode, talvez, analisar outra mente, mas não pode emitir julgamento a respeito daquilo que está além dela. Uma mente ou ego pode ferir outra mente ou ego, mas alguém que está além da mente não pode ferir nenhum ser, porque tal alma não tem ego ou julgamento de ninguém. Sua dor reside dentro de você, ela não vem do Mestre.

"Quando estiver na presença física de um grande Mestre, um *satguru*, você será levado a olhar para toda a sua dor. A dor escondida em seu interior passa a se manifestar, por causa da presença brilhante do Mestre verdadeiro. Ele é como um sol espiritual. Não existe noite em sua presença. Só a constante luz diurna. Quando o sol do Mestre brilha, penetra profundamente em sua mente e, em sua luz, você enxerga tudo em seu interior. Percebe o inferno dentro de você. Depois de tê-lo visto, passa a ter consciência de que sempre esteve ali, mas você nunca tomara conhecimento. Como poderá remover sua dor se não tomar consciência de sua presença? É importante saber que a dor vem de dentro de você e não de algum lugar externo. Você achava que a dor era gerada por fatores externos, por relacionamentos acabados, por desejos não realizados, pelo falecimento de alguém ou pela raiva provinda dos outros, seus insultos e abusos. Mas a fonte real da dor deve ser encontrada em seu interior. E então, sob a luz infinita da glória espiritual do Mestre, você será levado a enxergar tudo claramente. Você se conscientizará de que toda dor existe dentro de você.

"Lembre-se de que o Mestre não vai simplesmente deixá-lo ali sozinho. Ele o ajudará através de sua infinita energia espiritual. Ele curará suas feridas.

"Portanto, a dor não advém de sua ligação com a forma externa do Mestre. Sua mente e suas tendências negativas criam essa dor. Quando entender a natureza de sua dor, precisará cooperar com o Mestre. Ele é o médico divino, cuja capacidade e energia são inexauríveis.

"Lembre-se que você é um paciente que precisa de uma séria cirurgia. Mas não se preocupe, você pode confiar nesse médico completamente. Tenha fé inabalável nele. Você está em sua sala de operações. Deixe que Ele trabalhe em você. Coopere e não lute. Fique quieto e não se mova. É claro que Ele vai administrar uma anestesia. Sua anestesia é o amor e compaixão incondicionais, que expressa através de todo Seu ser. Com essa anestesia, você estará pronto para a cirurgia.

"Depois de começada a cirurgia, o Mestre não o deixará sair, porque nenhum médico permitirá que seu paciente fuja com a cirurgia inacabada. De uma maneira ou de outra, o Mestre se ocupará de mantê-lo sobre a mesa de operações, porque seria perigoso se você saísse no meio do procedimento. O *satguru* não o deixará ir embora. Contudo, a cirurgia executada pelo Mestre não é dolorosa, se comparada com a condição de sua doença e com a mais alta bem-aventurança e outros benefícios que obterá. O amor e a compaixão transbordantes do Mestre irão mitigar tremendamente a dor. O verdadeiro Mestre é um com Deus e, portanto, você estará se deleitando no amor e compaixão de Deus.

"O Mestre não é aquele que causa a dor, é aquele que a elimina. Sua intenção não é lhe dar um alívio temporário, mas um alívio permanente, para sempre. Entretanto, por alguma razão, as pessoas querem manter sua dor. Embora nossa natureza seja de êxtase, parece que em seu atual estado mental, as pessoas apreciam sua dor, como se fosse uma parte natural de seu ser.

"Um quiromante estava lendo a mão de uma pessoa e previu: 'Até os 50 anos, você passará por muito sofrimento e tristeza na vida. Estará em constante dor e agonia mental.' 'E depois dos 50?' perguntou o cliente. O quiromante respondeu, friamente: 'Depois disso, o sofrimento será normal para você.'"

Todos riram muito, inclusive a Amma. Ela continuou: "Parece que a natureza humana já quase se tornou só sofrimento. As pessoas sofrem e quase já se identificaram com isso. Tanto é assim que nem sequer se dão conta do fato, nem querem se ver livres da situação."

O *brahmacharin* que tinha feito a pergunta, disse: "Amma, tenho mais uma pergunta." Ele olhou para a Amma, a fim de observar Sua reação, porque, algumas vezes, Ela permanece quieta, sem responder a nenhuma pergunta. O comportamento da Amma é sempre intrigante e imprevisível. Ninguém sabe quando escolherá falar ou não. Mesmo no meio de um debate acalorado, subitamente, Ela entra em Sua própria consciência infinita. Pode acontecer em qualquer lugar e a qualquer hora. Seus humores ilimitados estão além da compreensão humana.

Ninguém, senão a Deusa Suprema

Certa vez, os devotos queriam levar a Amma a um famoso templo dedicado a um aspecto feminino de Deus, em Tamil Nadu. Esse incidente ocorreu em meados de 1977. Naquela época, a Amma freqüentemente ficava completamente alheia a todas as circunstâncias externas. Nesses momentos, Ela não tinha a menor consciência de Seu corpo.

A família que queria levar a Amma ao templo era muito devotada a Ela. Naqueles tempos, não havia tanta gente em torno da Amma, como hoje. Os devotos só vinham durante o *Bhava darshan* e, na manhã seguinte, quando este havia terminado, era comum convidarem a Amma para ir à suas casas. Algumas vezes Ela ia e passava um dia ou dois com eles. Os devotos tinham a esperança de que, se Ela fosse às suas casas, eles poderiam cuidar dela por um ou dois dias, e Ela assim poderia descansar. Naquela época, a Amma nunca comia ou descansava, a menos que alguém estivesse ali para lembrá-La. Às vezes, era necessário que essa pessoa insistisse bastante para que Ela comesse ou descansasse, pelo menos de vez em quando. Mesmo assim, era muito difícil. Ela nunca se importava com Suas necessidades físicas. A maior parte do tempo, Ela permanecia em um estado de total absorção.

Os *Bhavas* de Krishna e da Devi se manifestavam três noites por semana (terça, quinta e domingo). Nesses dias, a Amma permanecia de doze a treze horas recebendo as pessoas. Nos dias de *Bhava darshan*, a sessão de *bhajans* vespertina começava às quinze e trinta ou dezesseis horas e ia até dezoito horas. A primeira parte da noite era dedicada ao *Krishna Bhava*, que normalmente começava às dezoito e trinta, e a segunda parte da noite era *Devi Bhava*. Suponha que duas mil pessoas ali estivessem, todas recebiam a bênção da Amma duas vezes. Primeiro de Krishna e depois da Devi. Algumas vezes o *Devi Bhava* terminava às sete ou oito horas da manhã.

Naquele tempo, poucas famílias tinham um relacionamento mais próximo com a Amma, ou seja, somente algumas famílias tinham a boa sorte de entender que a Amma residia no estado mais alto de realização espiritual. As pessoas que A haviam convidado para visitar o templo da Devi faziam parte dessas famílias mais chegadas. A princípio, a Amma não demonstrou nenhum interesse em ir, mas como sempre, cedeu aos inocentes apelos.

A respeito dos templos, a Amma disse certa vez: "O templo externo é para aqueles que não realizaram a presença constante de Deus dentro de seus próprios corações. Quando ocorre essa realização, a presença de Deus ocupa tudo, tanto dentro quanto fora. Para quem realizou Deus, todo lugar, cada polegada deste universo, é um templo."

A seguir, uma história que a Amma conta para ilustrar esse ponto.

"Namdev era um devoto altamente evoluído do Senhor Krishna. Ele foi instruído pelo próprio Senhor para se entregar aos cuidados de um ser iluminado (Vishobukeshara), que estava se hospedando em um templo de Shiva, na periferia da vila. Tendo alcançado o templo, o devoto viu um homem idoso deitado no santuário sagrado com os pés descansando sobre o *lingam* de Shiva. Enfurecido ao ver tal sacrilégio, Namdev bateu palmas com força para acordar o idoso. O velho ouviu o barulho e abriu os olhos, olhou para o visitante e disse: 'Ó sim, você é Namdev, que Vittal[14] mandou, não é mesmo?' O devoto ficou estupefato e soube que estava diante de uma grande alma. Contudo, ainda havia uma coisa que não conseguia entender, e disse para o senhor: 'O senhor é sem dúvida uma grande alma, mas não entendo como pode descansar os pés sobre o *lingam*?' 'Eles estão sobre o *lingam*? Não sabia. Por gentileza, tire-os dali. Estou muito cansado', disse o santo. Namdev levantou as pernas do homem e as recolocou sobre o solo, mas surpreendentemente, onde quer que ele as colocasse, um Shiva *lingam* surgia. Namdev moveu os pés do santo para diferentes lugares, mas sempre um aparecia Shiva *lingam* no exato lugar sobre o qual os pés eram pousados. Finalmente, Namdev os colocou sobre seu próprio colo e, assim, ele mesmo alcançou o estado de Shiva."

"Um verdadeiro *mahatma* é Deus. Ele não precisa ir a nenhum templo ou lugar de adoração, porque o lugar onde ele habita já é um templo. Mas, algumas vezes, ele visita lugares sagrados apenas para dar o exemplo."

Entretanto, a Amma visitou o templo a fim de fazer seus devotos felizes. Quando lá chegaram, subiram os degraus e ficaram de pé na entrada, de onde podiam ver a imagem da Devi, a Divina Mãe, através dos pórticos que levavam até o santuário sagrado em seu interior. Quando a Amma viu a imagem da Devi, imediatamente entrou em estado de *samádi* e permaneceu estática, onde estava, por mais de uma hora e meia. Os membros da família ficaram muito amedrontados com isso. A Amma ficou onde estava, imóvel como uma montanha. O que os surpreendeu muito foi a posição em que Ela permaneceu. Ostentava exatamente a mesma posição da Deusa dentro do santuário.

A família se perguntava como trazer a Amma de volta à consciência normal e externa, quando uma senhora apareceu. Com um olhar sério, também parecia profundamente devotada e sincera. Em um tom de comando, ela se dirigiu para o chefe da família:

---

[14] Um aspecto do Senhor Krishna

"Vocês não enxergam que Aquela (apontando para a Devi dentro do santuário sagrado) e Essa (apontando para a Amma que estava em profundo samádi) são uma única e a mesma? Cantem o *Minakshi Stotram!*" A autenticidade das palavras daquela mulher era tal que o chefe da família, como uma criança obediente, começou a cantar o hino ancestral em sânscrito, composto para a Divina Mãe.

Ó Sri Vidya
Que adornas o lado esquerdo de Shiva[15],
que és adorado pelo Rei dos reis,
Que és a corporificação de todos os Gurus
Começando pelo Senhor Vishnu,
Tesouro de Chintamani
Gema Divina que realizas os desejos,
Único, cujos pés são adorados pela Deusa Sarasvati
E pela Deusa Girija,
Consorte de Shambho, o coração doce de Shiva,
Que és encantadora como o sol do meio-dia
A filha do Rei Malayadvaja,
Salva-me, Ó Mãe Minakshi.

Enquanto ele recitava o *stotram*, a senhora permaneceu em profundo estado de oração, de olhos fechados e palmas unidas.

Depois de alguns minutos, a Amma retornou a seu estado normal, mas continuou de pé onde estava, balançando levemente para os lados. Seu olhar ainda estava fixo na imagem de Devi ou em algum outro lugar; era impossível dizer com precisão. A família, então, parou de cantar.

A senhora desconhecida que havia dito à família para cantar o Minakshi Stotram caiu aos pés da Amma e ali permaneceu por um longo tempo, até que a Amma se inclinou e, amorosamente, puxou-a para junto de Si. Havia uma expressão extraordinária de amor no semblante da Amma enquanto mirava o rosto daquela senhora.

---

[15] Isto é, que é a Consorte de Shiva.

Esta parecia estar em estado de êxtase. A Amma continuou a olhar para ela por um longo tempo. Finalmente, Ela colocou a cabeça da mulher gentilmente sobre Seu ombro. A senhora derramava lágrimas de beatitude, enquanto descansava sobre o ombro da Amma. Ninguém sabia quem era ou de onde viera.

Este é apenas um dos inúmeros incidentes que acontecem em volta da Amma. A mulher que havia vindo ao templo naquele momento era como um mensageiro divino que desejava lembrar a todos, especialmente àquela família, que a Amma é a própria Deusa Suprema.

Foi por isso que o *brahmacharin* que queria fazer outra pergunta, de repente, parou e olhou para a Amma. Queria ter certeza de que a Amma estava em Seu estado normal. Quando percebeu que Ela queria responder sua pergunta, prosseguiu.

Apego a um satguru é apego a Deus

Pergunta: "Amma, ainda me pergunto se o apego à forma externa do Mestre é necessário ou se o mero anseio de realizar Deus é suficiente para alcançar o objetivo final?"

Amma: "Filhos, antes de tudo, lembrem-se de que o apego ao Mestre é um apego a Deus. O problema é que vocês tentam diferenciar Deus do verdadeiro Mestre. A ligação com a forma física do Mestre intensifica seu anseio de realizar o Supremo. É como viver com Deus. Ele faz a sua jornada espiritual ficar mais fácil. Tal Mestre é tanto o meio quanto o fim da jornada. Contudo, um esforço consciente para enxergar o Mestre em toda a criação também precisa existir. Também é necessário tentar ao máximo obedecer e ser fiel às palavras e instruções do Mestre.

"Você tem alguma idéia de como é Deus e o estado de Suprema Realização? Ouviu a respeito e leu a respeito, só isso. O que quer que tenha ouvido e lido foram somente palavras. Mas a experiência vai muito além. É um mistério incompreensível.

"Você não pode experimentar o estado de consciência de Deus meramente através dos seus sentidos, ou através das escrituras que estudou. Para vivenciá-lo, precisa desenvolver um novo olho, mais interno, o terceiro olho. Os dois olhos que tem agora devem se tornar um, somente assim poderá ver Deus. Isso significa que, mesmo vendo com seus dois olhos, não deve ver o mundo de forma dualista. Toda dualidade desaparece e você vislumbra a unidade em toda a criação, o universo inteiro. O olho interno, ou o olho do conhecimento verdadeiro, só pode ser aberto por um Mestre verdadeiro."

Essa afirmação da Amma lembra uma famosa afirmação de Sri Krishna, o Mestre Perfeito, feita ao seu discípulo Arjuna:

"Você não pode Me ver simplesmente com seu olho físico. Portanto, Eu lhe concedo o poder da divina visão. Vislumbre Meu poder como Senhor de toda criação."

Bhagavad Gita, Capítulo 11, Verso 8

A Amma continuou: "Talvez você deseje realizar a Deus. Esse desejo pode não durar muito, porque a intensidade diminui, a menos que seja um discípulo muito competente. Seu anseio aparecerá certas vezes e outras vezes não, será muito instável. Mesmo que você seja capaz de sustentar seu desejo por Deus, poderá ainda ter uma intensa ligação com os prazeres do mundo. Você não sabe como criar um equilíbrio entre o mundo interno e o externo. Se o Mestre não estiver ali para guiá-lo, talvez você se afaste do caminho de tempos em tempos, tome a direção errada ou pare no meio da estrada e retorne à vida mundana. Perderá, então, toda a fé e achará que não existe tal estado de Realização do Ser ou de Realização de Deus.

"O apego à forma externa do Mestre é como o apego das gopis à forma de Krishna, ou o apego de Hanuman com Rama, ou o apego que os discípulos de Buda e Jesus tiveram com Eles. Aqueles discípulos viviam com Deus. Viver na presença física de um Mestre genuíno e estar apegado à sua forma externa é como viver e estar apegado com a Consciência Pura ou com o Supremo. Traz inspiração ao devoto e cria um anseio intenso em seu interior. Assim, ele consegue manter essa intensidade. Quando está sob o vigilante olhar do Mestre, não pode se afastar do caminho, desde que viva com fé, entrega e obediência às palavras d'Ele.

"Estar apegado à forma externa de um *satguru* é como ter contato direto com a Verdade Suprema. A presença de um Ser Sublime é tão preenchida pela Divindade que você sente isso em seu coração, vê com seus olhos e percebe isso em tudo à sua volta. É uma sensação tangível, que você experimenta através da presença do Mestre – quando olha em seus olhos, quando sente seu toque, observa suas ações e ouve suas palavras.

"Todos querem ter alguém com quem se conectar, um namorado ou namorada, um marido ou uma esposa. As crianças se apegam aos pais ou aos brinquedos, ou exigem a companhia de seus irmãos e irmãs; as pessoas querem ter amigos. Existem incontáveis coisas no mundo para manter a mente humana ocupada. As empresas e os homens de negócios estão constantemente produzindo novos produtos com essa finalidade. Em sua busca pela felicidade, (ou seja, em sua necessidade de aquietar suas mentes), as pessoas correm de um objeto para outro. Mas logo acham aquele objeto chato e são compelidas a procurar outro novo. A busca nunca termina.

"Quando existe algo novo no mercado, por exemplo, quando um novo filme estréia, sua mente se excita e você quer assisti-lo. Quanto mais você ouve a respeito do filme, mais quer vê-lo. E, quando seu desejo é realizado, a mente irrequieta se acalma por um tempo, até ouvir falar de outro filme ou outra coisa qualquer. Assim é a natureza da mente. Não consegue silenciar-se, não consegue ficar quieta, sozinha e ser feliz. Se ela não tiver nada em que se ligar, a pessoa fica nervosa. A mente cria uma corrente de apegos. As pessoas vivem num mundo de fantasia e estão construindo castelos no ar. Se não puderem sonhar ou não tiverem nada em que pensar, podem até enlouquecer ou cometer suicídio.

"Fatalmente, vocês ficarão entediados com todos os objetos e experiências que têm no mundo. Não podem permanecer com a mesma coisa por muito tempo. Têm que ir adiante, porque a mente está em constante movimento, de uma coisa para outra. E isso os força a pular de objeto em objeto. O tédio virá, com certeza, em cada uma das situações mundanas, por conta das incessantes exigências da mente. É por isso que as pessoas no Ocidente passam por diferentes namorados e namoradas, maridos e esposas, casas e cidades. Querem experimentar novas coisas, novos relacionamentos, porque facilmente se cansam do que é velho e familiar. A mente está conectada a milhares de coisas e puxa o indivíduo em todas as direções.

"Como a mente está sempre vacilando e é cheia de negatividade, mesmo o anseio espiritual que você vivencia agora tende a desaparecer, porque seu atual desejo pela realização vem da mente. Um dia, você pode ficar entediado, porque é a natureza da mente cansar de tudo e sempre querer algo novo. Se não puder se apegar em nada, é certo que ficará entediado com a vida espiritual também.

"A fim de endireitar sua mente e fazê-la ficar quieta, você precisa estar ligado a algo mais sutil do que a mente. A mente é o lugar mais barulhento do mundo. A menos que exista algo para meditar ou contemplar, a mente não ficará quieta. Mas o objeto da meditação ou da contemplação não pode ser familiar, senão logo ela ficará entediada.

"O anseio que você tem agora pela Realização do Ser pode ser mais um apego, entre muitos. Assim, você não consegue resistir a fortes tentações por muito tempo. Em seu atual estado mental, seus outros apegos são muito mais fortes do que seu apego à Realização. O anseio que sente (por Deus) pode ter surgido a partir de uma excitação ou atração sentida em um momento de inspiração. Esse desejo poderá desaparecer logo, porque o tédio por certo ocorrerá, se você não sentir uma atração muito mais forte e tentadora.

"Essa atração é a sua ligação com a forma externa do Mestre. É essa conexão que elimina todos os outros apegos. Ao ser atraído pela forma do Mestre, você desenvolve um poder especial de resistir a todas as outras atrações. A presença física do Mestre está permeada de Divindade, portanto não há possibilidade de tédio, porque este acontece somente quando a mente está preocupada com os objetos, experiências e idéias mundanas. A mente fica facilmente entediada com as coisas externas, porque a verdadeira felicidade não está na natureza das coisas que pertencem ao mundo. Um *satguru*, entretanto, é a própria fonte da bem-aventurança e da felicidade eterna. Seu próprio ser é eterno, e se o indivíduo for investigador o suficiente poderá, em Sua presença, vivenciar o infinito que se desdobra de maneiras infinitas. Portanto, o tédio é muito raro na presença do Mestre. Ele é a incorporação do Divino, e o tédio não poderá acontecer se a pessoa estiver receptiva à sua presença, que é Divina. O apego à forma física do Mestre enche o coração do discípulo de amor, entusiasmo, contentamento e sentimento de leveza. O próprio Mestre despertará essas qualidades no discípulo. Sempre que o discípulo sentir-se desencorajado e deprimido, o Mestre, através de seu amor e compaixão incondicionais e de experiências inspiradoras, o elevará dessa condição negativa e o encorajará a seguir adiante, com novo entusiasmo e determinação. Isso ajuda a aquietar e equilibrar a mente barulhenta do discípulo, porque a presença de um Mestre legítimo é o único lugar onde a mente cansada poderá descansar, sem ficar entediada.

"A espiritualidade não é um fato observável, como o Sol e a Lua, as montanhas e os rios. Espiritualidade é fé. Somente uma fé completa, indivisa, pode ajudar o indivíduo a alcançar o objetivo final.

"Os seres humanos ou são emocionais ou intelectuais. Os intelectuais têm dificuldade em acreditar, porque só crêem nas coisas visíveis. Como Deus é invisível, acreditar em Sua existência depende da fé, que não é um processo intelectual. Embora as pessoas mais centradas no emocional tenham mais facilidade para acreditar, é-lhes difícil acreditar de forma completa, porque sua fé não é indivisa. Sua fé é só parcial, porque suas mentes duvidam. Quando se entediarem, procurarão outro objeto sobre o qual possam colocar sua fé.

"Tanto as pessoas emocionais quanto as intelectuais precisam da evidência de algo sólido e visível para poderem acreditar e fortalecer sua fé. De outra forma, talvez desenvolvam certo interesse, certo anseio de realizar Deus e, depois, em pouco tempo, se não conseguirem nenhuma experiência real ou sentirem uma presença tangível do Divino, poderão voltar atrás e dizer: 'Isso não faz sentido. Não existem tais coisas como Deus e Realização de Deus.' É claro que o problema reside dentro de suas próprias mentes e na sua falta de paciência, mas ainda assim, se tiverem algo com o que se relacionar, sentir-se-ão seguras e inspiradas. Isso as ajudará a permanecer no caminho espiritual e a viver de acordo com esses princípios. Mas isso só é possível na presença de um verdadeiro Mestre, através do desenvolvimento de um relacionamento pessoal com ele e através da ligação com sua forma externa. Ao fazer isso, a pessoa estabelece uma relação com Deus, a Suprema Consciência, seu próprio Ser Superior interior. Isso não é como desenvolver uma ligação com um indivíduo comum, é uma relação que a auxilia a permanecer desapegada em todas as circunstâncias. Ela prepara a sua mente para dar o salto final para a Consciência de Deus."

O silêncio tomou conta dos ouvintes. As poderosas palavras da Amma pareciam ressoar em tudo, dentro dos corações daqueles que estavam escutando e também fora, no ambiente físico. Uma atmosfera meditativa e inspiradora prevalecia, parecendo oferecer uma experiência tangível daquilo sobre o que a Amma falara – o significado da presença física de um Grande *mahatma*, a importância de ser ligado à forma da Amma e a necessidade de se ter um relacionamento com a corporificação do Divino.

Capítulo dezesseis

Amma, libertadora da alma

A Amma estava sentada com alguns residentes e uns poucos devotos, no bosque de coqueiros em frente ao templo. Ela falava sobre diferentes assuntos com os devotos chefes de família. De repente, virou-Se para Balu e disse: "Otturmon (meu filho Ottur) deseja ver a Amma. Traga-o aqui." Balu levantou-se e foi buscar Ottur. Ele estava num quarto especialmente construído para ele, sobre as celas de meditação subterrâneas, situadas bem atrás do templo.

Ottur Unni Nambutiripadu era poeta versado em sânscrito, famoso em toda Kerala. Era autoridade em *Srimad Bhagavatam*, livro sobre os avatares de Vishnu, especialmente o Senhor Krishna e seus folguedos de criança. Os belos poemas de Ottur que glorificam Krishna são conhecidos em toda a Índia e amados pelos devotos de Krishna. Como expoente do *Srimad Bhagavatam* e também como poeta e autor talentoso, Ottur havia conquistado muitos títulos e prêmios, federais e estaduais. Ele era um grande devoto de Krishna e estava intimamente associado ao famoso templo Guruvayur de Kerala. A canção a seguir, *Kannante Punya*, ajudará ao leitor a ter uma idéia das maravilhosas composições e da devoção do abençoado poeta.

Quando ouvirei
Os nomes auspiciosos de Kanna
Soarem em meus ouvidos?
E, ao ouvi-los,
Quando meus cabelos ficarão arrepiados
E ficarei totalmente
Imerso em lágrimas?

Imerso em lágrimas,
Quando me tornarei puro?
Nesse estado de pureza absoluta,
Quando cantarei Seus Nomes
Espontaneamente?

E, quando cantar em êxtase,
Quando esquecerei a terra e o céu?
E, ao esquecer tudo,
Quando dançarei,
Em devoção total?
Varrerei as nódoas
Do palco do mundo?

Nessa dança alegre
Gritarei bem alto.
Será minha pureza enviada
Nas oito direções?

Quando a peça tiver terminado
Quando descansarei por fim
No colo de minha Mãe?
E, deitado no colo de minha Mãe,
Quando dormirei em êxtase?

Enquanto dormir,
Quando sonharei
Com a bela forma de Sri Krishna
Que habita dentro de meu coração?
E, quando acordar
Quando verei Sri Krishna
O encantador do mundo?

Essa canção foi escrita pelo grande poeta vinte e cinco anos antes de a Mãe Sagrada encarnar na Terra. Existe uma história maravilhosa e muito tocante com relação a essa canção. Ela mostra como as encarnações de Deus realizam as orações sinceras e espontâneas de um verdadeiro devoto. Nesse poema, ele diz: "Quando a peça tiver terminado, quando descansarei, por fim, no colo da Mãe? E, deitado no colo de minha Mãe, quando dormirei em êxtase?"

Ottur encontrou a Amma pela primeira vez em 1983, quando foi convidado para a celebração do Seu 30º aniversário. Ottur ouviu a respeito da Amma por um de Seus devotos, enquanto visitava Trivandrum. Imediatamente, sentiu um desejo intenso e espontâneo de conhecê-La. Ottur sentiu fortemente que a Amma era a encarnação divina da Deusa Suprema e também do Senhor Krishna, sua deidade bem-amada. Por isso, ele veio encontrar a Amma em Seu aniversário, no dia 27 de Setembro de 1983.

Quando A conheceu, Ottur, devoto idoso, de 85 anos de idade, poeta e estudioso, transformou-se numa criança de dois anos, ansiando constantemente pelo carinho e atenção de sua Mãe. Ele tomou consciência de que tinha alcançado, finalmente, seu destino e decidiu passar o resto de sua vida na presença da Amma. A partir de então, começou a escrever poemas para Ela. O relacionamento da Amma com o velho poeta era único – algo muito especial e extraordinariamente belo. A Amma apreciava muito sua natureza ingênua e lhe deu o apelido de "Unni Kanna" (bebê Krishna).

Como uma criança, ele costumava consultar a Amma antes de fazer qualquer coisa. Se pensasse em tomar algum remédio, antes pedia a permissão da Amma. Só o tomava se Ela consentisse. Mesmo se fosse mudar de sabonete ou alterar sua dieta, primeiro pedia a permissão da Amma. Somente se Ela dissesse que sim ele o fazia. De outra forma, nunca fazia nada de diferente. Às vezes, ele queria que a Amma o alimentasse. Outras vezes, queria deitar em Seu colo. Não era raro ouvi-lo chamando em voz alta: "Amma! Amma!" Ele fazia isso sempre que tinha urgência em vê-La. Em tais ocasiões, se a Amma estivesse por perto, ia vê-lo em seu quarto. Se estivesse longe, mandava um pouco de prasad por intermédio de Gayatri ou de outro mensageiro. Consciente de sua natureza inocente de criança, a Amma algumas vezes mandava alguém trazê-lo para a choupana onde estava dando darshan aos devotos. Ela, então, o cobria de grande amor e afeição e o deixava sentar bem perto. Durante esses momentos, Ottur, que estava sempre reclamando de suas condições físicas, esquecia de seu sofrimento. Ele amava sentar perto da Amma. Ottur costumava dizer: "Pego tanta energia quando sento ao lado da Amma."

Esse raro relacionamento Mãe-filho fica além do intelecto humano. Talvez seja difícil para a mente humana entender um renomado poeta de 85 anos chamando a Amma, que tinha 30 anos nessa época, de "Mãe". Como o intelecto compreenderá tal mistério? Para Ottur Unni Nambutiripadu, Amma era Deus e o Guru. Na Amma, ele via tanto o Senhor Krishna, sua deidade bem-amada, quanto a Mãe do Universo. Isso ficou claro em todas as suas composições para a Amma, incluindo os 108 Nomes da Divina Mãe, que foram escritos por ele. A seguir, uma canção sobre a Amma, escrita por Ottur.

Ó Amma,
Tu és a incorporação de Krishna e de Kali
Ó Amma,
Tu santificas os mundos com Teu sorriso
E Tua canção
Com Teu olhar, Teu toque e Tua dança,
Com Tua conversa encantadora,
Com o toque de Teus Pés Sagrados
E com o néctar de Teu amor.

Ó Amma,
Humildade celestial,
Que generosa e alegremente
Levas todos os purusharthas
Do dharma à moksha
Todos os seres sensíveis e insensíveis
Desde o Senhor Brâman até uma folha de grama.

Ó Amma,
Que assombras os três mundos
Inundando os seres humanos,
As abelhas e os pássaros,
As minhocas e as árvores
Com as turbulentas ondas de Teu Amor.

Ottur nutria apenas um desejo. Sempre que recebia o *darshan* da Amma, sua única prece era: "Mãe, quando eu der meu último suspiro, permita que minha cabeça descanse em Seu colo. Esse é meu único desejo, minha única oração. Ó minha Amma, por favor, deixe que eu morra com a cabeça em Seu colo." Essa oração era repetida fervorosamente para a Amma, sempre que ele A encontrava. O poeta orou tantas vezes que praticamente todos os devotos da Amma e seus próprios admiradores já conheciam seu desejo.

Logo após Ottur conhecer a Amma, passou a morar permanentemente no *ashram*. Ali, teve uma estadia muito contente e feliz. Sempre costumava dizer: "Agora sei que Deus não me abandonou, porque estou vivendo em Sua presença e estou me aquecendo em Seu divino amor. Eu costumava ficar muito triste quando pensava que não podia estar com Krishna ou Chaitanya Mahaprabhu[16], ou qualquer dos *mahatmas*. Mas não me sinto mais assim, porque acredito que a Amma é todos eles."

Um pouco antes de a Amma sair para sua terceira turnê mundial em 1989, a saúde de Ottur piorou. Seu corpo estava em péssimas condições e, embora a Amma tivesse feito todos os arranjos necessários para seu tratamento, Ottur não conseguia se recuperar. Ele ficou muito fraco e estava perdendo a visão muito rapidamente. Incapaz de enxergar apropriadamente, não podia escrever poemas como costumava fazer. Ao invés disso, ditava-os para seu sobrinho Narayanan, que também cuidava de suas necessidades pessoais.

---

[16] Santo assim consagrado que viveu na Índia entre os anos de 1485 – 1535.

Embora a condição física de Ottur piorasse, sua inocência infantil e sua atitude com relação à Amma não mudaram. De fato, tornaram-se mais intensas. Sua tão conhecida oração para morrer no colo da Amma tornou-se constante. Quando sua visão ficou muito fraca, Ottur disse para a Amma: "Tudo bem, se a Amma quiser levar a visão exterior, mas Ó Divina Mãe dos céus, gentilmente abençoe Seu servo removendo a escuridão interior e abrindo o olho interno. Por favor, não rejeite a oração dessa criança."

A Amma respondia amorosamente: "Unni Kanna, não se preocupe! Isso definitivamente acontecerá. Como a Amma poderia negar sua oração inocente?"

Uma semana antes de a Amma sair para sua terceira turnê mundial anual, a saúde de Ottur piorou subitamente. Suas condições ficaram muito sérias e ele se viu completamente preso ao leito. Todos achavam que ia morrer. Ottur não tinha medo da morte. Seu único temor era morrer enquanto a Amma estivesse fora. Ele expressou esse medo para Ela e disse: "Amma, sei que estás em todo lugar e que Teu colo é tão grande quanto o universo. Ainda assim, eu oro para que estejas fisicamente presente quando eu deixar meu corpo. Se eu partir enquanto estiveres longe, meu desejo de morrer em Teu colo não será realizado."

A Amma o acarinhou com amor e replicou com grande autoridade: "Não, meu filho Unni Kanna, isto não acontecerá! Pode ter certeza de que deixará seu corpo somente depois do retorno da Amma." Isso foi um grande consolo para Ottur. Como essa afirmação veio diretamente dos lábios da Amma, Ottur acreditava firmemente que a morte não poderia tocá-lo antes de ela voltar.

Depois de três meses excursionando pelo mundo, a Amma retornou ao *ashram* em agosto. Durante Sua ausência, Ottur havia se submetido a um tratamento na casa de um médico ayurvédico, que também era um ardente devoto da Amma. O médico fizera um bom trabalho, cuidando do poeta, e sua saúde melhorou um pouco. Mas depois de pouco tempo, piorou novamente. A Amma, então, disse a Ottur para voltar ao *ashram*, pois se aproximava a sua hora de deixar o corpo.

Durante o aniversário de Krishna, Ottur sentou-se perto da Amma e participou de todas as celebrações. No dia seguinte ao aniversário de Krishna, era *Devi Bhava*. O *Bhava darshan* terminou às duas e meia da manhã e, após o evento, a Amma se dirigiu ao quarto de Ottur. Ele estava muito fraco, mas ficou extremamente feliz em vê-La. O grande poeta chorou como uma criança e orou à Amma: "Ó Amma, Mãe do Universo, por favor, chame-me de volta! Por favor, chame-me de volta rápido!" Exatamente como uma mãe cuidando do filho, a Amma massageou e confortou o peito e a testa do poeta e acarinhou sua cabeça com amor e compaixão transbordantes.

Naquele mesmo dia, um devoto havia oferecido à Amma um colchão novo de seda. Ela, então, pediu à *brahmacharini* Gayatri para trazê-lo para o quarto de Ottur. Gayatri saiu e logo voltou trazendo o colchão. A Amma levantou o corpo magro e frágil da cama e, como uma mãe que carrega um bebê em seus braços, susteve Ottur nos Seus, enquanto Gayatri, Balu e Narayanan colocavam o novo colchão sobre a cama estreita de lona. Enquanto recebia essa demonstração de infinita compaixão da Amma, Ottur exclamava: "Ó Amma, Mãe do Universo, por que dispensas tanto amor e compaixão sobre essa criança sem méritos? Ó Amma, Amma, Amma ..."

A Amma suavemente depositou Ottur sobre a cama e disse: "Unni Kanna, meu filho, durma bem. A Amma virá pela manhã." "Ó Amma, coloque-me em sono eterno", respondeu Ottur. A Amma lançou ainda mais um olhar cheio de amor para Ottur, antes de deixar o quarto.

Naquela noite, o poeta ditou uma última canção.

Cuidando de mim e esperando uma cura,
Os médicos admitiram sua derrota.
Todos os meus parentes ficaram desesperados.

Ó Amma, deita-me em Teu colo com muito amor.
Salva-me e nunca me abandones.

Ó Saradamani, Ó Sudhamani, Ó Mãe Sagrada,
Coloque-me afetuosamente em Teu colo suave
Revele a Lua de Ambadi em Tua face
Não tardes em abençoar-me com a imortalidade.

Revela a Lua, filha de Nanda
Em Tua face
E ponha esse pequeno Kanna em Teu colo.
Ó Mãe faz ele dormir com Teu acalento.

Às sete horas da manhã do dia seguinte, sexta-feira, 25 de agosto de 1989, a Amma chamou Narayanan. Quando este chegou, Ela lhe disse que Ottur estava prestes a deixar o corpo, em poucas horas. A Amma, também, pediu a Narayanan que perguntasse ao tio se ele queria que seu invólucro mortal fosse enterrado no *ashram* ou em sua terra natal. Narayanan voltou ao quarto e transmitiu a Ottur o que a Amma havia perguntado. Embora sua voz estivesse muito fraca, Ottur claramente respondeu através de gestos enfáticos com as mãos: "Serei enterrado aqui, nesta terra sagrada. Não existe outro lugar."

Por volta de dez horas, Ottur pediu a Bri. Lila[17], que estava em pé a seu lado, para chamar a Amma. Mas Lila não prestou muita atenção ao pedido de Ottur. Ela segurava alguns medicamentos em sua mão e estava explicando a Narayanan como administrá-los. Por fim, Ottur deu um puxão em Lila e gesticulou: "Nada mais de remédios! Vá chamar a Amma!" Então, Lila saiu do aposento e, nos próximos minutos podiam-se ver com clareza os lábios de Ottur se movendo conforme ele repetia, "Amma, Amma, Amma ..." Recitando Seu nome, Ottur entrou em um estado semelhante ao samádi.

---

[17] Bri. Lila é hoje conhecida como Swamini Atmaprana. Ela era médica de clínica geral.

Nesse momento, a Amma ainda estava em Seu quarto. Quando Lila entrou, a Amma falou para ela e Gayatri: "Em poucos minutos, Otturmon deixará o corpo. Mas ainda não chegou a hora de a Amma estar lá. Agora, a mente dele está completamente concentrada na Amma. Esse pensamento intenso irá culminar em um estado de layana (fusão). Quando isso acontecer, Amma irá até ele. A intensidade reduzir-se-ia, se Amma fosse mais cedo."

Alguns segundos mais tarde, a Amma saiu de Seu quarto e foi até o de Ottur, seguida por Lila. Amma entrou no quarto de Ottur, com um sorriso encantador e sentou-Se na cama, perto dele. Com um brilho extraordinário em Seu rosto, continuou mirando a face de Seu Unni Kanna como se dissesse: "Venha, meu filho! Meu querido Unni Kanna, venha e funda-se a Mim, sua Mãe Eterna!"

Como a Amma havia previsto, Ottur estava deitado em estado de layana. A Amma fez carícias em sua cabeça e seu peito, com transbordante amor e compaixão. Embora Ottur estivesse num estado de samádi, seus olhos permaneciam entreabertos. Não havia sinal algum de dor ou luta em seu rosto. Podia-se facilmente observar o quão absorvido e em bem-aventurança ele estava. A Amma, lentamente, aproximou-se de sua cabeça. Levantou-a com delicadeza e depositou-a sobre Seu colo. Mantendo a cabeça do filho querido em Seu colo, deixou a mão direita sobre seu peito, enquanto continuava a mirar seu rosto.

Com o grande poeta devoto, o Unni Kanna da Amma, em Seu colo, a Amma suavemente acarinhou suas pálpebras, que se fecharam para sempre. Ottur deixou o corpo e sua alma se fundiu com a Amma para toda a eternidade. A Amma curvou-se e deu um beijo cheio de amor e carinho em sua testa.

Assim, a última linha de sua composição Kannante Punya, que havia sido escrita vinte e cinco anos antes de a Amma encarnar, fora cumprida:

Quando a peça tiver terminado, quando descansarei por fim no colo de minha Mãe? Deitado no colo de minha

*Mãe, quando dormirei em êxtase? Quando dormir, quando
sonharei com a bela forma de Sri Krishna, que habita dentro
de meu coração? E, quando acordar, quando verei Sri
Krishna, o encantador do mundo?*

Esse incidente é um grande exemplo de como um *satguru*, que não é
outro senão o próprio Deus, realiza os desejos de um devoto sincero.
Outro ponto significativo nesse incidente é a resposta da Amma
quando Ottur expressou seu temor de deixar o corpo enquanto a
Amma estivesse fora, em Sua turnê mundial. Ela disse: "Não, meu
filho Unni Kanna, isto não acontecerá! Pode ter certeza que deixará
seu corpo somente depois do retorno de Amma."

Quem pode dar tal garantia, assegurar que uma pessoa não
morrerá em determinado prazo? A resposta da Amma foi categóri-
ca. É como se a morte estivesse perfeitamente sob Seu controle, e a
Amma dissesse: "A menos que Eu permita, você não poderá atingir
minha querida criança." E a morte obedeceu! Quem mais pode
comandar a morte assim, a não ser Amma, que, de acordo com
Ottur é "a Divina Mãe do Universo, a completa manifestação da
Absoluta Verdade (Brâman), a existência, o conhecimento e a bem-
aventurança; a Deusa Suprema sob forma humana...?"[18] Quem, a
não ser Deus, pode proferir tal ordem? Somente aquela que foi além
da Morte pode dizer: "Pare e espere até que eu lhe diga quando."
Não foi isso que aconteceu?

Depois da morte de Ottur, N. V. Krishna Warrier, famoso escritor, lingüista e estudioso de Kerala, escreveu um editorial a respeito
de Ottur em um jornal de grande circulação. "Ottur encontrou a
Mãe Universal na jovem Mata Amritanandamayi. Ela amava Ottur
profundamente, como Seu filho. Com certeza, foi uma singular
relação Mãe-filho."

Voltemos agora àquela tarde, alguns anos antes de Ottur deixar
seu corpo. Balu voltou para o coqueiral com Ottur, segurando o

---

[18] Dos 108 Nomes.

velho poeta pela mão. Com grande devoção e humildade, Ottur caiu aos pés da Amma. Enquanto estava ali prostrado diante da Amma, ele disse: "Amma, a Senhora sabia que esse servo queria vê-La. Eu ansiava em estar com a Senhora. Ó Amma, a Senhora mandou me buscar porque conhecia o desejo de meu coração. Amma, por gentileza, coloque Seus pés sagrados sobre minha cabeça." A Amma riu e disse: "Unni Kanna, não, não! Eles estão sujos." Ottur, com uma voz muito poderosa e imponente disse: "O que está dizendo? Sujos! Seus pés? Ó Amma, não diga isso! Eu sei que a poeira de Seus pés é suficiente para aniquilar a ignorância em todo o mundo. Por favor, coloque Seus pés sobre minha cabeça, senão, não me levanto mais."

Por fim, a Amma teve que ceder ao desejo de Ottur e colocou Seus pés sobre sua cabeça. Ottur, o grande devoto, ficou emocionado. Ele repetia em voz alta: "*Anandoham, Dhanyoham, Anandoham* (Bem-Aventurado sou, Abençoado sou, Bem-Aventurado sou)." Enquanto cantava, pegou a poeira dos pés da Amma e esfregou-a por todo seu corpo.

Ottur ajoelhou-se diante da Amma e Ela o abraçou com grande afeição. O grande poeta levantou os olhos e mirou-A, como uma criança inocente. Com os olhos cheios de água, disse: "Ó Amma, nunca abandone essa criança. Deixe-me sempre estar em sua Divina Presença."

Glossário

Abhaya Mudra – posição dos dedos das mãos, formando sinais que indicam conferição de coragem.

Achara – práticas tradicionais.

Arati – vésperas; movimentos circulares feitos com a cânfora em chamas, diante da Divindade, com o soar de sinos, ao final da adoração, representando a oferenda total do ego a Deus.

Ashram – monastério.

Atmã – o Ser, a faísca divina.

Atma Shakti – energia do Self ou Alma.

Avatar – encarnação divina.

Bhagavad Gita – importante escritura indiana.

Bhajan – canto de devoção religioso.

Bhava – aspecto, humor.

Brâman – o criador do universo.

Brahmacharin – a primeira etapa na vida monástica, a do estudante celibatário.

Brahmacharini – feminino de brahmacharin.

Darshan – encontro ou visão de um Santo ou Divindade.

Dharma – justiça ou dever, em acordo com a harmonia divina.

Giridhar – um dos nomes de Sri Krishna.

Gopi – adoradoras de Sri Krishna.

Jagrat – estado de vigília.

Kirtan – canto.

Lalita Ashthottara - cento e oito nomes da Divina Mãe Sri Lalita.

Layana – fusão com a Consciência Divina.

Lila – brincadeira divina.

Mahatma – grande alma.

Maya – ilusão.

Moksha – liberação do ciclo de nascimento e morte.

Mudra – posição dos dedos das mãos, formando sinais que indicam verdades místicas espirituais.

Nirvana – liberação do ciclo de nascimento e morte.

Pada Puja – adoração dos pés da Deidade ou de um Santo.

Panchamritam – doce oferecido à Deidade nos templos hindus, feito com bananas, mel, açúcar e manteiga clarificada.

Parashakti – energia suprema ou Deusa.

Pitham – o assento sagrado no qual a Amma se senta durante o *Devi Bhava*.

Pralayagni – o fogo da Dissolução Universal ao final da criação.

Prasad – oferenda consagrada, distribuída ao final da adoração.

Puja – ritual de adoração.

Punya – mérito, oposto de pecado.

Purnam – completo ou perfeito.

Purusha – um ser masculino; o espírito de Deus.

Purusharthas – os quatro objetivos ou fins da existência humana: prosperidade, alegria, justiça e liberação.

Rajas – uma das três qualidades da Natureza, o princípio da atividade.

Sadhak – um aspirante espiritual.

Sadhana – prática espiritual.

Sakshi bhava – a atitude de ser uma testemunha dos acontecimentos.

Samádi – estado de absorção da mente em Deus, na Realidade ou Verdade.

Sankalpa – resolução criativa, integral, que se manifesta como pensamento, sentimento e ação. O sankalpa de uma pessoa comum nem sempre dá o fruto correspondente. O sankalpa de um avatar, entretanto, sempre traz o resultado desejado.

Sannyasin – alguém que faz voto formal de renúncia; um monge.

Sari – peça da indumentária feminina.

Sarvasakshi – estado de total testemunha.

Satva – uma das três qualidades da Natureza, o princípio da pureza e da serenidade.

Seva – serviço voluntário.

Shiva Lingam – símbolo do Sr. Shiva, de formato oval.

Sushupthi – o estado de sono profundo e sem sonhos.

Swapna – sonho.

Tapas – prática espiritual de austeridade, sofrimento com a finalidade de purificação.

Upanixades – parte conclusiva dos Vedas (escrituras dos hindus), que lida com a natureza do Brâman Absoluto, da Realidade Transcendente, do Self Verdadeiro.

Utsavam – festividade.

Vahana – veículo ou montaria.

Vasanas – tendências latentes da mente, resultantes de ações passadas, hábitos.

Vedas – literalmente "conhecimento". Escrituras reveladoras indianas do mais alto prestígio e autoridade.

Yantra – diagrama místico.

Índice remissivo

www.ingramcontent.com/pod-product-compliance
Lightning Source LLC
LaVergne TN
LVHW051731080426
835511LV00018B/3003